神道学者
三橋 健 編

古事記に秘められた聖地・神社の謎

八百万の神々と
日本誕生の舞台裏

ウェッジ

はじめに

本居宣長《もとおりのりなが》は明和《めいわ》元年（一七六四）、三十五歳のときに『古事記《こじき》』の注釈に着手し、三十五年間をついやして、寛政《かんせい》十年（一七九八）六月十三日に、『古事記伝《こじきでん》』全四十四巻を完成させた。宣長六十九歳のときである。この前人未踏の精確な注釈書は、近世のみならず、現代においても高い評価を得ている。そこではじめに、宣長が『古事記』に興味を持ち、その注釈を決意したきっかけを簡単に述べておきたいと思う。

宝暦《ほうれき》七年（一七五七）、京都遊学を終えた宣長は、松坂《まつさか》（三重県松阪市）に帰り、魚町《うおまち》で町医者を開業していた。その一方で『源氏物語』『日本書紀《にほんしょき》』『先代旧事本紀《くじほんぎ》』『古事記』などの研究に興味をもち、とりわけ国学者・賀茂真淵《かものまぶち》の『冠辞考《かんじこう》』に感銘し、国学を志したのである。そのようなときに、一夜だけではあるが松坂の旅籠《はたご》で真淵と対面し、『古事記』注釈の指導を受けたものと思われる。

そしてその年の終わり頃、宣長は真淵の県門《けんもん》への入門が許可された。次いで時を移さず、翌明和元年から『古事記』の注釈にとりかかり、以後、三十五年間をついやして寛政十年六月十三日に『古事記伝』を完成させた。

ところで、注目されるのは『古事記伝』完成の四ヶ月後、詳しくは寛政十年十月二十一日の夕方、宣長が『うひ山ぶみ』を著したことである。これは国学を志す門人にむけた入門書で、その心構えや態度が平易に説かれている。

そのなかで私が心を惹かれるのは、記紀《きき》（『古事記』『日本書紀』）二典の「上代の巻々をくりかへしくりかへしよくよみ見るべし」と説くことである。

この宣長の教えに従い、私は『古事記』を繰り返し読んできた。しかし、読むたびごとに新鮮な気持ちになり、何度読んでも読み終わった感じがしない。それどころか登場する神々とともに幽遠な世界に誘われる。

大学で『古事記』を講義することになり、あらためて宣長の「よくよみ見るべし」の真意を考えてみた。「よむ」だけではなく「見る」べきだと説いている。この「見る」の真意は何か。もとより私的な見解であるが、「見る」とは「体読《たいどく》」すること、すなわち文字に表わされた意味だけでなく、そこに包蔵される本当の意味をくみとることである。換言すれば、「全身全霊」で読むことではないか。

そこで、本書では「見る」ことの一つの試みとして、「足でよむ」ことにした。つまり『古事記』に登場する聖地・神社を歩いてみた。

内容は「神話」編と「古代天皇」編とに大別し、「神話」編の第1章では、「高天原《たかまのはら》」「オノゴロ嶋」「黄泉比良坂《よもつひらさか》」「天石屋《あまのいわや》」などを、第2章では、「出雲」「諏訪」「高千穂」などを歩いた。次いで「古代天皇」編の第3章では、「神武《じんむ》東征の地」「三輪山《みわやま》」「出雲」などを、第4章では、「ヤマトタケル東征の地」「神功《じんぐう》皇后ゆかりの地」「雄略《ゆうりゃく》天皇ゆかりの地」などを探訪した。

神話に登場する聖地・神社へ一歩一歩と足を進めると、神代で活躍した神々の息吹に触れることができる。古歌に「神代とは遠き昔のことならず、今を神代と知る人ぞ神」とあるように、神代は遠い昔のことでなく、今が神代だということを実感する。

ちなみに、宣長の学風を慕って国学を志した幕末の国学者で歌人の橘曙覧《たちばなあけみ》は「眼《ま》の前《あたり》、いまも神代ぞ、神無くば、艸木《くさき》も生《お》ひじ、人もうまれじ」と詠《うた》っている。曙覧は目前に生い茂る草木を見て、そこにイザナキ（伊邪那岐）とイザナミ（伊邪那美）の神々を感得し、さらに二神が草木を生んだ神代を見ている。そのような曙覧の視点に私は共感を覚える。

さらに曙覧は「正月ついたちの日、古事記をとりて」という詞書《ことばがき》のある「春にあけて、先《ま》づ看《み》る書《ふみ》も、天地《あめつち》の、始めの時と、読みいづるかな」との歌を詠んでいる。いうまでもなく「先づ看る書」とは『古事記』であり、その冒頭の「天地初《はじ》めて発《おこ》り し時」と読み始めている。ここに曙覧が『古事記』を「看る」と詠うのは、宣長の『古事記』を「よく見るべし」との教えを忠実に守っている証《あかし》である。

ところで、日本人にとって「正月とは何か」といえば、天地開闢《かいびゃく》の時である。令和五年が行き、令和六年が来るのは事実だが、真実ではない。曙覧のみならず、誰もが、来る年を「新年」という。「令和六年」とはいわない。

この「神話」編に続く「古代天皇」編では、神武から雄略天皇までの足跡を探訪した。都から遠く離れた僻地《へきち》に、今も天皇の事跡が語り伝えられており、その心は「神話」編といささかも変わりがない。そのことを私は知り、心底から驚嘆した。

後述するように、『古事記』は太安万侶《おおのやすまろ》や稗田阿礼《ひえだのあれ》という律令体制下のエリートたちが天皇の命令により撰録したものである。それゆえ彼らにより覆い隠された部分も少なくない。その覆い隠された部分が、都から遠く離れた高千穂や日向、あるいは出雲や諏訪の庶民の中に残存している。

そのような土地を実際に足で歩いてみると、その土地に伝えられる伝承、例えば民俗・芸能・説話・民謡などの中に、古代の息吹があたかも間歇泉《かんけつせん》のように噴出しているのに出くわすのである。例えば、室町時代に始まると伝える神楽《かぐら》の中に、古代が再び現れ出てくることがある。それらは「根生《ねお》いのもの」であり、時には『古事記』より古いものである。このような考えやものの見方は、歴史が書物のページ数のように順を追って展開してきたものと信じている方々には理解されないであろう。しかしながら、そのような考えだけでは、眼前に古代の神々を感得し、今が神代でないならば、草木も生えないし、人も生まれてこない、と詠っている曙覧の心意はとうてい理解できないと思う。

さて、『古事記』には「序」がある。そこに天武《てんむ》天皇は諸家に伝わる帝紀《ていき》および旧《きゅう》辞《じ》に虚偽が加えられていることを嘆かれ、これを正して天皇政治の基礎を固めようとされ、聡明な稗田阿礼に誦《よ》み習わせなさったと記してある。しかしながら、この時の天皇の発意は完成しなかった。時世が移り変わり、和銅《わどう》四年（七一一）九月十八日、元明《げんめい》天皇は太安万侶に「稗田阿礼の誦むところの旧辞を撰録して献上せよ」と仰せられた。安万侶は上古の言葉をどのような文字に表したらよいか、またひとくぎりのなかに、訓と音をどのように用いるかなどの困難があったものの、全三巻として、翌和銅五年（七一二）正月二十八日に天皇に献上した。

ところが、「序」は多くの謎を秘めている。登場する稗田阿礼は男性か、女性か、いまだに決着がついていない。また阿礼が「誦み習う」との語の意味も諸説があり、定説をみない。さらに『古事記』を献上した「正五位上勲五等太朝臣太安万侶」も、謎に包まれていた。ただし、安万侶については昭和五十四年（一九七九）一月二十日、奈良市田原町此瀬《このせ》の茶畑から遺骨と墓誌が発見された。その銘には「左京四條四坊従四位下勲五等太朝臣安萬侶以癸亥年七月六日卒之　養老七年十二月十五日乙巳」と記されており、疑いもなく安万侶の墓誌である。安万侶の生年は不詳だが、この墓誌により卒去《しゅっきょ》は癸亥年（養老七年／七二三）七月六日であることが確かとなった。ちなみに「養老七年十二月十五日乙巳」は墓を造営した日であろう。

そうすると、令和五年は、折しも太安万侶が卒去されて千三百年になる。多くの困難を乗り越えて、日本国の宝物である『古事記』全三巻を完成させた安万侶公の御霊に感謝の意をささげたい。そのような心からの思いを込めて本書を刊行した。

令和に入り、私たちはコロナの猛威にさらされ続けてきたが、ようやく行動制限がとかれ、マスク着用は個人の判断が基本となった。コロナ収束といえるような状況のいま、あらためて『古事記』を読む意義はどこにあるか。

『古事記』にみられる疫病《えきびょう》といえば崇神《すじん》天皇の御代《みよ》が思い出される。この時、人民が死に絶えようとしたのを愁《うれ》え嘆いた天皇は、三輪山の大物主大神《おおものぬしのおおかみ》を正しく丁重にまつることにより、疫病はすっかりやみ、国家は平安になった。

重要なのは、この大物主大神が現在も奈良県桜井市の大神《おおみわ》神社にまつられていることである。つまり疫病がすっかりやんだ後も、倦《うま》ず撓《たゆ》まず疫病の神である大物主大神の祭祀を継続して今に至っていることである。『古事記』に記されているのは、その始源・原型にすぎないが、『古事記』を足で読むことにより、私たちがコロナ収束後をどのように生きるかを実感できるのである。

「喉元《のどもと》過《す》ぎれば熱さを忘れる」との諺《ことわざ》が示すように、人間には忘れやすい性質がある。そこで、コロナで苦しんだ経験を大切にするためにも、あらためて『古事記』を足で読むことを本書から学び取っていただければ幸いである。

令和五年（二〇二三）七月

三橋　健

目次

目次

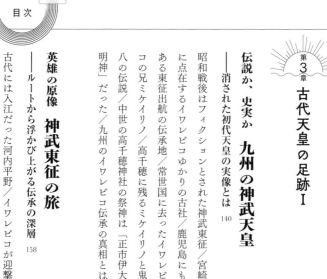

第4章 古代天皇の足跡Ⅱ

目次

＊引用した『古事記』の訓み下し文の表記は、原則として西宮一民校注『新潮日本古典集成　古事記』（新潮社、一九七九年）の表記に依拠した。また、本文中の〈　〉内は、『古事記』原文の現代語訳または要約であることを示している。

佐渡島
伊豆毛神社(106頁)
大倭豊秋津嶋(本州)
生島足島神社
(106頁)
諏訪湖
諏訪大社
(99頁)
伊吹山
酒折宮(203頁)
草薙神社
(198頁)
熱田神宮
(205頁)
足柄山
吾妻神社(202頁)
吾妻神社
(201頁)
伊勢神宮
(71、193頁)
走水神社
(200頁)
焼津神社
(198頁)

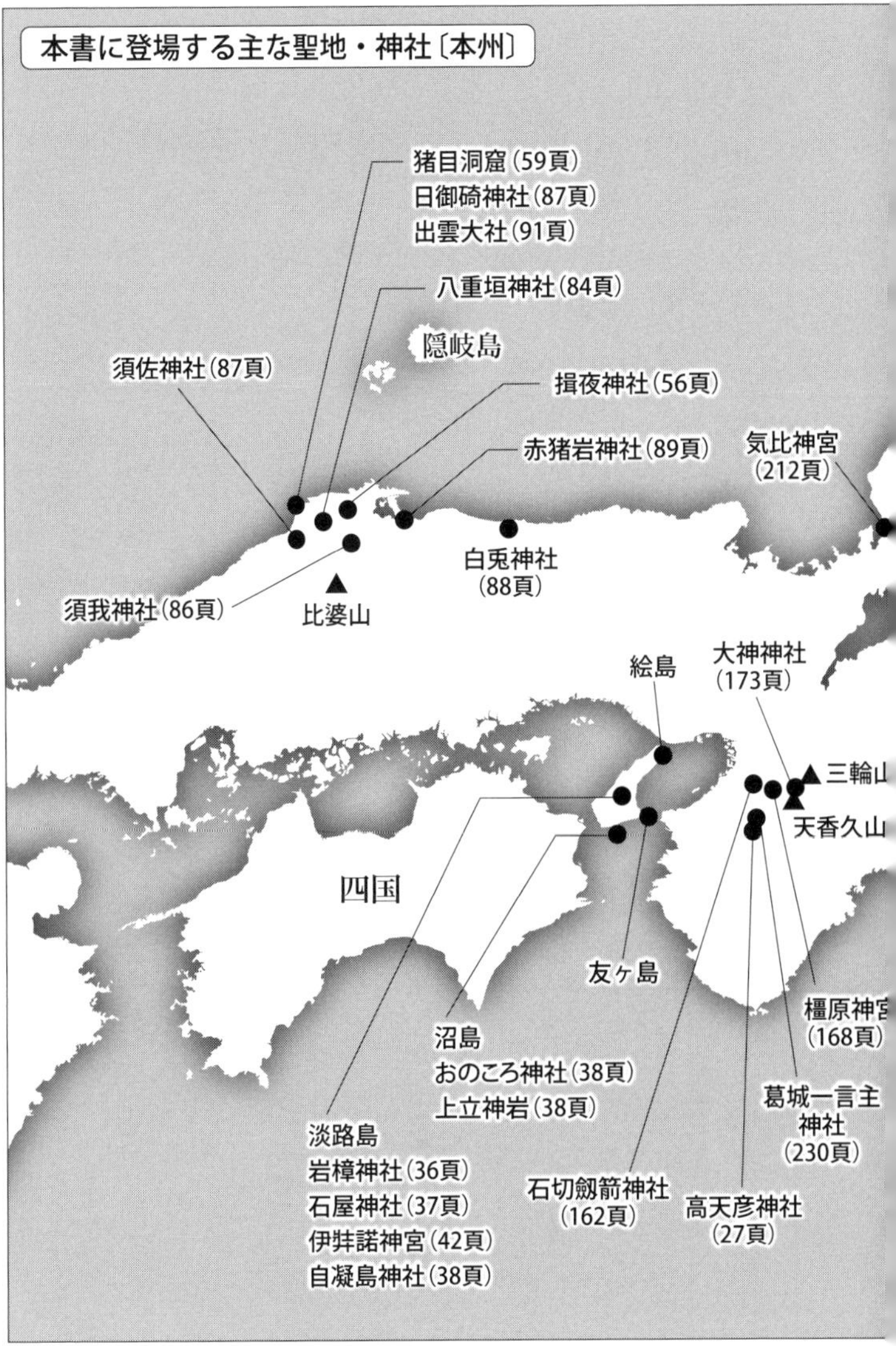

本書に登場する主な聖地・神社〔本州〕
猪目洞窟（59頁）
日御碕神社（87頁）
出雲大社（91頁）
八重垣神社（84頁）
隠岐島
須佐神社（87頁）
揖夜神社（56頁）
赤猪岩神社（89頁）
気比神宮
（212頁）
白兎神社
（88頁）
須我神社（86頁）
比婆山
絵島
大神神社
（173頁）
三輪山
天香久山
四国
友ヶ島
橿原神宮
（168頁）
沼島
おのころ神社（38頁）
上立神岩（38頁）
葛城一言主
神社
（230頁）
淡路島
岩樟神社（36頁）
石屋神社（37頁）
伊弉諾神宮（42頁）
自凝島神社（38頁）
石切劔箭神社
（162頁）
高天彦神社
（27頁）

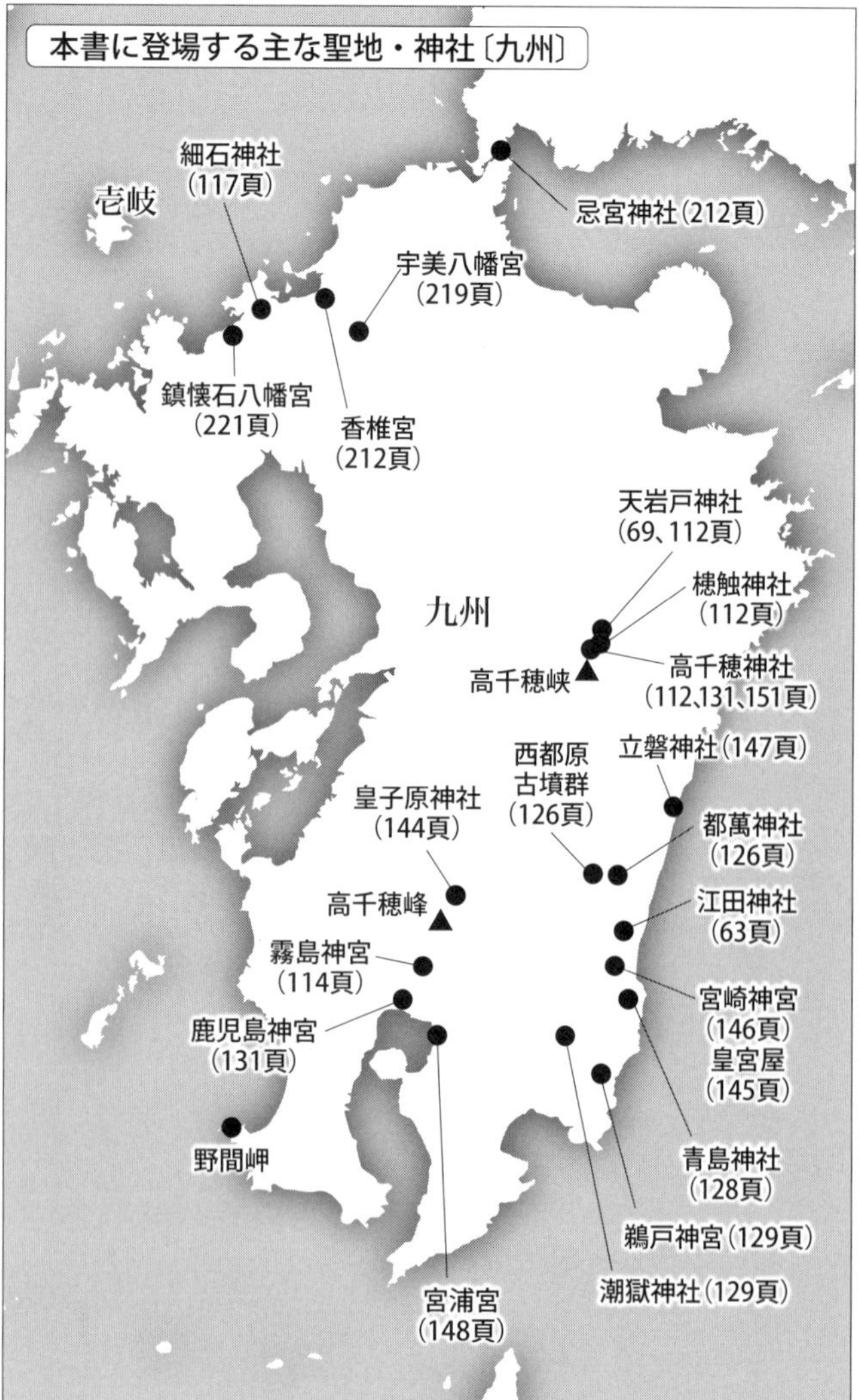
本書に登場する主な聖地・神社〔九州〕
細石神社
(117頁)
壱岐
忌宮神社(212頁)
宇美八幡宮
(219頁)
鎮懐石八幡宮
(221頁)
香椎宮
(212頁)
天岩戸神社
(69、112頁)
槵触神社
(112頁)
九州
高千穂峡
高千穂神社
(112、131、151頁)
立磐神社(147頁)
西都原
古墳群
(126頁)
皇子原神社
(144頁)
都萬神社
(126頁)
高千穂峰
江田神社
(63頁)
霧島神宮
(114頁)
宮崎神宮
(146頁)
皇宮屋
(145頁)
鹿児島神宮
(131頁)
野間岬
青島神社
(128頁)
鵜戸神宮(129頁)
潮嶽神社(129頁)
宮浦宮
(148頁)

第1章

神話を歩くⅠ

日本神話の原郷
高天原
——伝承地が語る幻想のミソロジー

高天原に出現した原初の神々

『古事記《こじき》』の本文は、次のような記述からはじまる。

〈天地が初めて開けたとき、高天原《たかまのはら》に成った神の名はアメノミナカヌシ（天之御中《あめのみなか》主神《ぬしのかみ》）、次にタカミムスヒ（高御産巣日神《たかみむすひのかみ》）、その次にカムムスヒ（神産巣日神《かむむすひのかみ》）である。ところがこれら三柱の神はみな独《ひと》り神《がみ》であり、身を隠していた〉（以下、〈〉内の文章は『古事記』原文の現代語訳やその要約であることを示す）

さらにこの続きをみると、この三神の後にはウマシアシカビヒコジ（宇摩志阿斯訶《うましあしか》備比古遅神《びひこじのかみ》）が、その次にはアメノトコタチ（天之常立神《あめのとこたちのかみ》）が高天原に現れる。さらにクニノトコタチ（国之常立神《くにのとこたちのかみ》）、トヨクモノ（豊雲野神《とよくもののかみ》）が現れ、続いてウヒジニ（宇比地邇神《うひじにのかみ》）とその妹のスヒチニ（須比智邇神《すひちにのかみ》）、ツノグイ（角杙神《つのぐいのかみ》）とその妹のイクグイ（活杙神《いくぐいのかみ》）、オオトノジ（意富斗能地神《おおとのじのかみ》）とその妹のオオトノベ（大斗乃弁神《おおとのべのかみ》）、オモダル（於母陀流神《おもだるのかみ》）とその妹のアヤカシコネ（阿夜訶志古泥神《あやかしこねのかみ》）、イザナキ（伊耶那岐神《いざなきのかみ》）とその妹のイザナミ（伊耶那美神《いざなみのかみ》）が、順次出現していった。

比定地の１つ・葛城地方　金剛山中腹付近から南郷遺跡方面を望む（奈良県御所市）

　このうち、ウマシアシカビヒコジからトヨクモノまではいずれも「独り神」、つまり配偶神をもたない独身の神（もしくは男女の性別がない神）で、原初の三神と同じように身を隠していたという（原文の「隠身也」を「身を隠したまひき」ではなく「隠《こも》り身なり」と訓み、神霊の「身」が殻のようなものの中にこもっている様を言い表していると解する説もある）。

アメノミナカヌシからはじまってアメノトコタチに至る五柱の神々は、「特別な天神」というニュアンスで「別天《ことあま》つ神《かみ》」と総称され、クニノトコタチからイザナキ・イザナミに至る七代十二柱の神々は「神世《かみよ》七代《ななよ》」と総称される。

これらの神々はいずれも混沌とした世界から個別に出現しており、親子関係をもっているわけではない。つまり、アメノミナカヌシがタカミムスヒを生んだわけではないし、イザナキ・イザナミはオモダル・アヤカシコネ兄妹を親としているわけではない。イメージとしては、それぞれが個別に――兄妹の場合はペアになって――深海の底からパッとわき出てくるという感じだろうか。

天つ神が暮らす高天原と国つ神の葦原中国

さて、ここで問題にしたいのは「高天原」だ。

これら原初の神々が出現する舞台となった「高天原」とは、いったいどんな世界なのだろうか。

ちなみに、「高天原」の訓みは、正確を期すならば「たかあまのはら」だが（『古事記』原文の訓注に「天を訓みてアマといふ」とある）、本書では慣例的な訓みにしたがって「たかまのはら」で統一している。

江戸時代に『古事記』に関する浩瀚《こうかん》な注釈書『古事記伝』を著した本居宣長《もとおりのりなが》は、「高天原は、すなはち天《あめ》なり」と説いた（三之巻）。さらに宣長によれば、古代の日本人は、頭上に広がる世界（空間）を「空《そら》」、さらにその上に広がる神々の住む世界を「天《あめ／あま》」と呼んで区別したが、高天原とはこの「天」の世界にあたり、「高《たか》」は天に対する美称、「原《はら》」は「広いところ」の意だという。つまり、高天原とは「天」が神話的に修飾された名詞だということだろう。

そこは至高神アマテラス（天照大御神《あまてらすおおみかみ》）――天地初発の場面ではまだ誕生していないが――が主宰する広大無辺の神話的世界であり、ここに暮らす神々はとくに「天つ神」と呼ばれる。つまり、高天原とは、天つ神たちのホームグラウンドだ。そこには、天安《あめのやす》の河《かわ》が流れ、天香山《あめのかぐやま》がそびえ、そして天石屋《あめのいわや》がある。

なお、『日本書紀』の天地開闢の場面をみると、本文の異伝のひとつ（一書《あるふみ》第四）に「高天原」の用例はあるが、本文には一度も出てこない。『日本書紀』では、高天原にあたる概念にはもっぱら「天上」という表現があてられている。「高天原」という世界観は、『古事記』に特徴的なものなのだ。

高天原のはるか下方に位置する、人間たちが暮らす地上世界は、『古事記』では「葦原中国《あしはらのなかつくに》」と総称される。「葦の生い茂る大地」の意だ。「中国」の解釈については、葦が生えた「中」にある世界、高天原と黄泉国《よみのくに》（死者の世界）の中間に位置する世界、などの説がある。萌えあがる葦の芽は生命力の象徴であり、葦が生い茂る湿地は稲作の適地であった。また葦には邪霊を祓う力があるとも信じられた。そうすると、「未開の沃野」というのが葦原中国のイメージなのだろう。

そして、葦原中国に属する神々は、天つ神に対して「国《くに》つ神《かみ》」と呼ばれる。葦原中国の中に形成された国土は、とくに「豊葦原《とよあしはら》の水穂国《みずほのくに》」と呼ばれる。「葦が生い茂る原は瑞々しい稲穂が稔る国」というニュアンスで（「豊葦原の」の「の」が同格を表す「の」であることに注意）、「日本」に対する神話的な美称である。

そしてこの国土の中に、神話・伝説の主要な舞台となる出雲や日向《ひゅうが》、大和などが存在するのだ。

常陸沖の太平洋上を高天原に比定した新井白石

高天原については、神話の中に描かれたあくまでも観念的な世界ととらえるのが一般的だが、これに対して、高天原を現実の土地や地名に比定しようとすることも古くから行われてきた。

江戸時代中期の儒学者新井白石《はくせき》は史論書『古史通《こしつう》』（一七一六年）の中で、高天原とは**常陸国《ひたち》多珂郡《たか》**が面する洋上のことだと断じた。タカは多珂郡の多珂、アマは「海」であり、ハラは上古には「上」の意味をもった、だから「高天原＝多珂海上之地」だ、というのである。白石は「神とは人也」とする儒家神道的な立場から神話を合理主義的に歴史的事実として解釈しようとしたが、高天原についてもそれを試みたのである。

多珂郡は中世以降は多賀郡と書かれた。それは現在の茨城県北東部にあたる。古代の郡域は現在の日立市・高萩市・北茨城市に及び、東は太平洋に面した。『常陸国風土記』には多珂郡について「東と南には大海があり、西と北には、陸奥《みちのおく》と常陸《ひたち》との堺となる高山がそびえている」とあり、成務《せいむ》天皇の御世に国造《くにのみやつこ》となったタケミサヒ（建御狭日命《たけみさひのみこと》）がはじめてこの地を訪れ、峰が険しく山が高いので、「多珂の国」と名付けたのだという。

白石は、常陸国から望む太平洋の彼方に神々の故郷があると考えたのだろうか。

高天原のもう一つの比定地は葛城氏の本拠地

高天原の比定地としてもう一つ挙げておきたいのは、奈良県御所《ごせ》市の南西、金剛山（葛城《かつらぎ》連山の南峰）の東側中腹にある「高天《たかま》」と呼ばれる一帯である。

高天彦神社　葛城古道にある小さな古社

ここは古代の有力豪族である葛城《かずらき》氏が勢力基盤とした葛城《かつらぎ》地方の一角にあたるが、台地状をなし、清らかな水が豊かに流れ、棚田が点々と広がっている。そんな神境を彷彿させるような景観と、高天原を連想させる「タカマ」という地名とがあいまってか、いつの頃からか「ここが神話の舞台となった高天原のモデルである」と言われるようになった。

高天には、十世紀前半成立の『延喜式神名《えんぎしきじんみょう》帳《ちょう》』に名神《みょうじん》大社の一つとしてその名が記された古社、**高天彦神社**《たかまひこ》（御所市北窪）が鎮座している。背後にそびえる円錐状の白雲峰を神体山として、タカミムスヒを祭神としている。社名の高天彦はタカミムスヒの別名とも言われている。他方、金剛山が古くは高天山とも呼ばれていたというので、高天彦とは本来は金剛山に鎮まる地主神《じぬしがみ》のようなものであり、それを祀ったのが高天彦神社のはじまりなのかもしれない。

ところが、「タカマ」という読みから高天原に結びつけられ、高天彦は神話の高天原に最初に出現した神タカミムスヒと同一視されるようになり、いつしかタカミムスヒが祭神とされるようになったのではないだろうか。

高天から少し下った場所には、五世紀代の遺構・遺跡を中心とした巨大な**南郷遺跡**《なんごう》**群**（御所市南郷）が広がっている。おそらく葛城氏が関係したもので、古代ヤマト王権の成立とも深い関係があるとみられる、非常に重要な遺跡である。

このあたりは、晴れた日には奈良盆地を広く見渡すことができる絶景ポイントである。その風景を眺めていると、高天一帯が地上世界を統べる高天原のモデルとなったという話も、まんざらデタラメとも思えない気持ちになってくる。

「高天原……」と呼ばれた持統天皇

　ところで、養老四年（七二〇）撰進の『日本書紀』によれば、持統《じとう》天皇（六四五〜七〇二年）は和風諡号《しごう》を「高天原広野姫《たかまのはらひろのひめ》」という。また、延暦十六年（七九七）撰進の『続日本紀《しょくにほんぎ》』をみると、文武《もんむ》天皇元年（六九七）に持統天皇から譲位された文武天皇（持統の孫）の即位の宣命《せんみょう》には「高天原に事始めて……」と書かれている。

　こうしたことから、「高天原」という観念は七世紀後半から八世紀はじめにかけて成立したものではないのか、とする見方がある。ここから敷衍《ふえん》して、神話において高天原に君臨する女神として描かれるアマテラスは、古代天皇制の基盤を確立し、崩御後に「高天原」を冠した諡号を贈られた、持統女帝がモデルなのではないのか、といったこともしばしば説かれてきた。

　これらの指摘は、『古事記』神話の最終的な成立時期はいつなのか、という難しい問題とも深く関わってくる重要な論点でもある。

　一方、中国固有の宗教である道教《どうきょう》の碩学であった福永光司《みつじ》氏は、「高天」もしくは「高天」の上に「神」が住むという思想信仰が道教神学教理書に多くみえることを指摘し、『古事記』神話の高天原に道教の影響をみようとしている（『道教と日本文化』）。持統天皇が夫の天武《てんむ》天皇とともに不老不死の教えを説く道教に深い関心を示したと目されていることは、このことと合わせて興味を惹く。

たとえば持統天皇は即位前、在位中、譲位後とを合わせて三十四回も奈良県南部の吉野に行幸しているが、持統女帝は幽邃な景観をもつ吉野を、道教が説く不老不死の世界、すなわち「神仙郷」に擬してしばしば足を運んだのではないかとする見方がある。

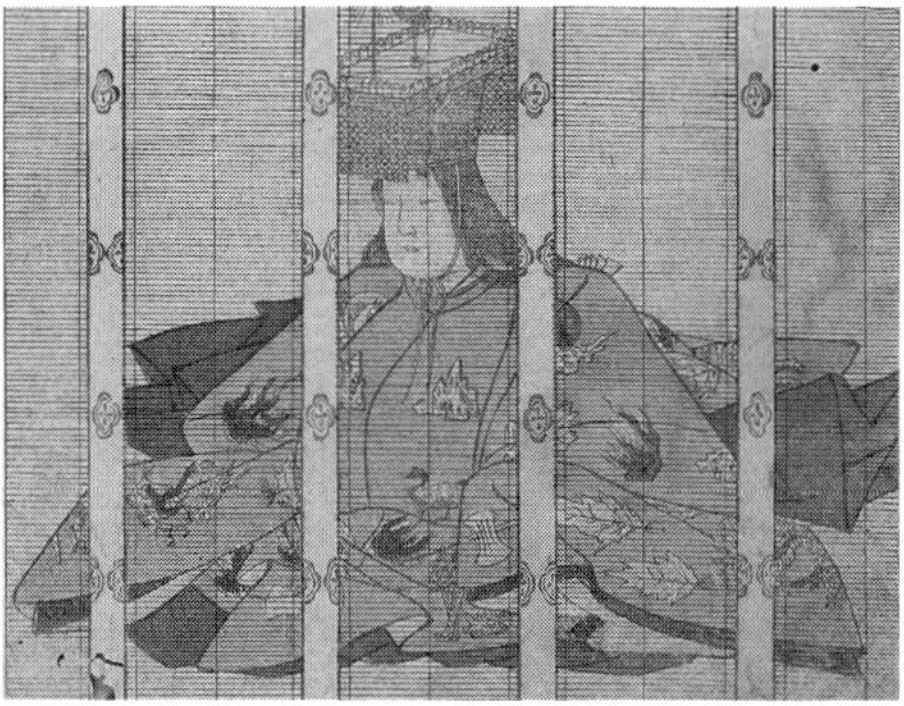

持統天皇 天武天皇崩御の後、即位した（勝川春章画『錦百人一首あつま織』、国立国会図書館）

このようなことからすれば、持統天皇の和風諡号「高天原」には道教の要素も含められていると考えることも可能なわけで、『古事記』の高天原に、道教の聖地としての吉野のイメージをかぎ取ることができなくもない。

高天原——そこは結句、神話を紡ぐ人びとの心の中に広がる、日本の神々の原郷なのだろう。

日本列島の神話的中心
オノゴロ嶋と淡路島
——国生み神話の深層を探る

島々と国土を生むイザナキ・イザナミ夫婦

〈神世七代《かみよななよ》の最後に出現したイザナキ（伊耶那岐神《いざなきのかみ》）・イザナミ（伊耶那美神《いざなみのかみ》）の二神は、「この浮き漂う土地を整え固めて完成させよ」という天《あま》つ神《かみ》たちの命を受けて天《あま》降《くだ》った。

そして天浮橋《あめのうきはし》の上に立つと、天沼矛《あめのぬぼこ》を海に指し下ろし、海水をコロコロ（こをろこをろ）とかき回した。そうして引き上げると、矛の先からしたたり落ちた潮水がかたまって島ができた。これがオノゴロ嶋（淤能碁呂嶋《おのごろしま》）である。

イザナキ・イザナミはオノゴロ嶋に降り立ち、天御柱《あめのみはしら》を立て、宮殿を建てた。

次に柱の周囲をそれぞれ左と右からまわり、行き会うと、まずイザナミが「なんとまあ、いとしい方でしょう」と言い、次にイザナキが「なんとまあ、かわいい娘だろう」と言った。

こう唱和してから二神は交わって子を生んだが、最初に生まれたのは未熟児のヒルコ（水蛭子《ひるこ》）であった。二神は葦船にこれを入れて流し棄てたが、その次に生まれたのは、淡嶋《あわしま》という出来損ないの島であった。

イザナキ・イザナミ像　淡路島沖の沼島のおのころ神社に立つ（兵庫県南あわじ市）

そこで天つ神に伺いを立てると、女神が先に声をかけたのがいけないということであったので、もう一度天御柱を往きめぐり、イザナキの方から「なんとまあ、かわいい娘だろう」と声をかけて唱和をやり直してから交わった。

すると今度は淡路島を皮切りに、四国、隠岐《おき》、九州、壱岐《いき》、対馬《つしま》、

佐渡、本州の八つの島が生まれた。これらの島々からなる国土は、「大八嶋国《おおやしまくに》」と総称された〉

国生み神話で最初に登場するオノゴロ嶋

今ここに紹介した『古事記』の梗概は、天つ神の命を受けてイザナキ・イザナミの二神が島々や国土を生んでゆく箇所で、一般に「国生み神話」と呼ばれている。そしてこの国生み神話の最初に登場するのが、ご覧のようにオノゴロ嶋で、このことは『日本書紀』においてもほぼ同様である。

オノゴロ嶋は、海中にさし下してかき回した矛を引き上げたとき、矛先からしたたった潮水が固まることでできた島で、オノゴロという不思議な響きをもつ名前は「おのずから凝《こ》る」の意だとされる。神話上の想像の島ではあるが、日本最初の島であり、日本最初の国土ということにもなる。

イザナキ・イザナミ二神はこの島に降り立ってから正式に夫婦となり、この島を舞台として――はじめにヒルコと淡嶋が生み棄てられるという挿話が置かれるが――本格的に国生みを行ってゆく。大八嶋国＝日本列島のへそというのが、オノゴロ嶋の役回りである。

また、オノゴロ嶋の上に建てられて二神がめぐった「天御柱」は、しばしば天地をつなぐ宇宙の中心軸の神話的表象として解されるが、『日本書紀』本文では、島そのものが「国中《くになか》の柱」に見立てられ、そのまわりをイザナキ・イザナミがめぐるという展開になっている。つまり、オノゴロ嶋そのものが世界の中心、天地の枢軸としてイメージされているのだ。

古来、淡路島の近くにあると信じられたオノゴロ嶋

オノゴロ嶋はあくまでも神話の中に登場する架空の島だが、これを現実の地理に比定しようとすることが、かなり古くから行われてきた。その場合は、淡路島周辺の島があてられることが多いのだが、これには次のような、それなりの理由がある。

『古事記』では、イザナキ・イザナミがオノゴロ嶋で開始した本格的な国生みにおいて、一番最初に生じた島は、（出来損ないの淡嶋《あわしま》を除くと）淡路島となっている。

一方、『日本書紀』の本文では、オノゴロ嶋に降りたイザナキ・イザナミは国生みの最初でまず胞衣《えな》（胎盤）として淡路島を生んだことになっているが、一書《あるふみ》（本文と

併記される異伝のこと）の第八では、「（イザナキ・イザナミは）オノゴロ嶋を胞衣として、淡路島を生んだ」とやや話が変形している。どの話が原型に近いのかはわからないが、ともかく、これらの説話はオノゴロ嶋と淡路島の間に親密なつながりがあることを示している。そこから、「オノゴロ嶋の所在地は現実に存在する淡路島の近くなのではないか」という連想がはたらくようになったのだろう。

オノゴロ嶋を和歌に詠んだ仁徳天皇

かなり古くからオノゴロ嶋が淡路島の近くに所在すると信じられていたことを示すものとしては、『古事記』下巻にみえる、仁徳《にんとく》天皇が淡路島から望見したときに詠んだ歌を挙げることができる。

「おしてるや　難波《なにわ》の崎よ　出で立ちて　わが国見れば　淡島《あわしま》　おのごろ島　檳榔《あじまさ》の島も見ゆ　さけつ島見ゆ」（難波の海岸から船出して、私が治める国を見渡すと、淡島やオノゴロ嶋、蒲葵《くば》が生える島が見える。遠く離れた島も見える）

この歌は、本文では仁徳が淡路島に御幸して島から遠くを眺めたときに詠んだものとして説明されているが、歌詞そのものからすると、難波の海岸から望見して詠んだものとれなくもない。いずれにしても、難波の海岸から淡路島にかけてのルートから望見できる場所にオノゴロ嶋は位置している、と詠み手が理解していたことがわかる。

難波高津宮《なにわのたかつのみや》で天下を治めたという仁徳天皇は伝説的な人物だが、この歌は古代難波朝の天皇が実際に国見を行ったときのものだろうとする説もある。

仁徳は実在したとすれば、その活躍年代はおおむね五世紀はじめ頃とみられるが、この歌がもし彼が実際の国見で詠んだものだったとすれば、五世紀はじめにはすでにオノゴロ嶋の場所が淡路島周辺として考えられていたことになるだろうし、また国生み神話もこの頃にはすでに伝承されていた可能性が高いということにもなろう。

オノゴロ嶋候補の絵島と沼島

オノゴロ嶋の有力な比定地を具体的に挙げてみよう。

一つ目は、淡路島北部の岩屋《いわや》港沖に浮かぶ絵島《えじま》（兵庫県淡路市岩屋）である。

中世に書かれた『日本書紀』の注釈書である、忌部正通《いんべのまさみち》の『神代巻口訣《じんだいかんくけつ》』（一三六七年成立）は、オノゴロ嶋について「淡路の西北の隅に有る小島」のことと注記しているが、この「小島」は絵島のことを指しているとされる。現在の絵島は小島というよりは岩礁のようなもので、波に削り取られた岩肌があらわとなっている。淡路島側の岸とは昔はつながっていたらしいが、現在は海蝕によって完全に離れている。

岩樟神社　洞窟には古の祭壇の趾がある

先に記したように、国生み神話にはイザナキ・イザナミはオノゴロ嶋を「胞《え》」としたという伝承があるが、絵島はその胞となった島で、もとは「胞島」と書かれたと言われ、そのことから絵島をオノゴロ嶋にあてる伝承も生まれたらしい。

絵島対岸の岩屋港近くの岩窟には**岩樟神社**《いわくす》が鎮座している。この洞窟はかつては奥行きが五二メートルほどもあったというが（現在は三メートル）、神去《かむさ》った（亡くなった）イザナキが隠れた先である幽宮《かくれみや》はこの洞窟だったという伝承がある。岩樟神社からやや南に行ったところには式内社《しきないしゃ》（十世紀前半成立の『延喜式神名帳《えんぎしきじんみょうちょう》』に記載された由緒ある古社）の**石屋神社**《いわや》があり、現在はクニノトコタチ（国常立尊《くにとこたちのみこと》）・イザナキ・イザナミを祭神としている。いずれの神社も、奇観をみせる絵島を神聖視する信仰と深い関係をもつと推測される。

石屋神社　岩屋港に面して鎮座する

　二つ目は、淡路島南部の土生《はぶ》港から南に約四キロほどの沖に浮かぶ**沼島**《ぬしま》（兵庫県南あわじ市）である。

　やはり中世の『日本書紀』の注釈書である卜《うら》部《べ》兼方《かねかた》の『釈日本紀《しゃくにほんぎ》』（鎌倉時代中期成立）には、「今、淡路嶋の西南角に見在する小嶋」をオノゴロ嶋とする説を示しているが、これは沼島を指していると考えられている。

　沼島は周囲一〇キロほどの島で、島中央の港周辺には小さな町があるものの、その他は大部分が山で、近年は過疎化が進んでいる。沼島という名はイザナキ・イザナミがオノゴロ嶋を造るのに用いた「天沼矛（天之瓊矛《あまのぬほこ》）」に由来すると伝えられ、この島こそがオノゴロ嶋だ言われる。瓊という字には玉の意があるが、沼島は上から見ると勾玉《まがたま》の形をしており、ヌシマという地名はこのことも関連があるのかもしれない。

島の南東岸近くに屹立する高さ約三〇メートルの巨岩、**上立神岩**《かみたてがみいわ》は「天の御柱」と伝えられ、その近くの小高い山の上にはイザナキ・イザナミを祀る**おのころ神社**が鎮座している。島の西岸には下立神岩が浮かんでいるが、安政大地震で中ほどから折れる以前は、こちらの方が上立神岩よりも高かったという。

古代淡路の中心地にある自凝島神社

三つ目は、淡路島南部のほぼ中央付近に鎮座する**自凝島**《おのころじま》**神社**（南あわじ市榎列《えなみ》下幡《しもは》多《だ》）である。

その場所は淡路島本島内の平野部であり、絵島・沼島のように海に接してはいないのだが、神社が鎮座する緑に覆われた小丘は、あたかも海に浮かぶ小島のようである。この平野部一帯は太古には海が湾入して入江状をなし、神社のある小丘は小島になっていた、という伝えもある。

このような地形からこの地がオノゴロ嶋と考えられるようになり、イザナキ・イザナミを祭神とする自凝島神社が創祀されたのだろうか。周辺には「葦原国」や「天浮橋」の伝承地もある。

もっとも自凝島神社の創祀は不詳で、文献上の初出は元禄十年（一六九七）の『淡国通記』だというので、古代にさかのぼるほどの歴史をもつ神社とは思われない。この地をオノゴロ嶋とする伝承も、おそらく同様であろう。

自凝島神社の鎮座地は淡路の国衙《こくが》があったと推定されている場所に近く、古代淡路の中心地にあたる。このことがこの地を国生みの原郷とする伝承を生む土台となったのではないだろうか。

紀淡海峡に浮かぶ友ヶ島

最後に挙げるのは、淡路島と和歌山北西端の間に横たわる紀淡海峡に浮かぶ**友《とも》ヶ島《しま》**（**沖ノ島**）である。

友ヶ島＝オノゴロ嶋説に言及するのは、天長七年（八三〇）に奏上されたと伝えられる、卜占《ぼくせん》を司った卜部氏の氏文『新撰亀相記《しんせんきそうき》』だ。同書は、イザナキ・イザナミによるオノゴロ嶋創成譚に触れたうえで、この島の位置について、「紀伊国の加太駅《かだ》と淡路国の由良駅《ゆら》のあいだにある伴島（友ヶ島）の西南」としている。

　かつては「由良《ゆらの》戸《と》」と呼ばれた紀淡海峡に浮かぶ友ヶ島は、地ノ島とその西南の沖ノ島、および沖ノ島に付属する小島の虎島・神島の四島からなり（ただし

虎島は現在は沖ノ島と地続きになっている)、現在は和歌山市に属している。

『新撰亀相記』の言う「伴島(友ヶ島)の西南」には、このうちの沖ノ島をあてるのが通説である。

沖ノ島は海上に屹立する小島で、最高点は一二〇メートル。葛城《かつらぎ》修験《しゅげん》の聖地として知られていて、沖ノ島および神島・虎島には、役小角《えんのおづぬ》が開いたという五つの行場がある。

神話学者の松前健《たけし》氏は、『古事記』で難波の崎から淡路島に向かうときに仁徳天皇が望見した「おのごろ島」とは大阪湾から見える友ヶ島であり、オノゴロ嶋の比定をめぐる諸説のうちで比較的古くから信じられていたのは友ヶ島(沖ノ島)説であろうとしている(『松前健著作集第九巻　日本神話論I』)。

イザナキの葬地とされる淡路の伊弉諾神宮

神話上の島であるオノゴロ嶋の位置が淡路島内やその周辺に求められることの背景には、そもそもイザナキ・イザナミを主人公とする国生み神話自体が元来、淡路島で語り伝えられていたからではないか、という見方もある。

『古事記』では、イザナキ・イザナミによる国生みの後は、神生み→イザナミの死→イザナキの黄泉国《よみのくに》訪問と逃走→イザナキの禊《みそぎ》と三貴子《さんきし》（アマテラス・ツクヨミ・スサノオ）の誕生というように話が展開してゆき、三貴子出生譚の後に「イザナキは、近江の多賀にいらっしゃいます」（伊耶那岐大神は、淡海《あうみ》の多賀《たが》に坐《いま》す）と書かれてあって、仕事をやり終えて神去ったイザナキが、近江《おうみ》の多賀（滋賀県犬上郡多賀町）に祀られたことを示唆している。事実、多賀にはイザナキとイザナミを祀る古社、多賀大社が鎮座している。

ところが、『日本書紀』本文では、三貴子を出生し終えたイザナキは「淡路の洲《くに》」すなわち淡路島に「幽宮《かくれみや》」を構えて永久にお隠れになった、と記されている。つまり、イザナキは最後は淡路島に祀られたというのである。

このことを証するように、淡路島北部の淡路市多賀には『日本書紀』の伝承を縁起とする、淡路国一宮の**伊弉諾神宮**《いざなぎ》が鎮座していて、本殿下にはイザナキの神陵があると伝えられている。

伊弉諾神宮は淡路国津名《つな》郡の式内名神《みょうじん》大社「淡路伊佐奈岐《いざなぎ》神社」に比定され、古代の法令集である『新抄格勅符抄《しんしょうきゃくちょくふしょう》』の大同元年（八〇六）の牒《ちょう》にみえる、朝廷か

伊弉諾神宮　イザナキ終焉の地を実感できる場所である

ら封戸《ふこ》として十三戸が与えられた淡路国の「津名神《つなのかみ》」とは、伊弉諾神宮のことを指しているのだろうと言われている。つまり、伊弉諾神宮の歴史はかなり古い。

また、『古事記』がイザナキの葬地として記す「淡海の多賀」は、写本によっては「淡路の多賀」とするものもあり（伊勢本）、だとすれば、ここでもまた淡路国津名郡の多賀に鎮座する伊弉諾神宮が言及されていたことになる。

前出の松前健氏は、こうしたことや、『日本書紀』の履中《りちゅう》天皇の巻に淡路島へ遊猟に出かけた天皇が島に坐《いま》すイザナキの神託を受けたという伝承がみえることなどから、イザナキは淡路島の守護神で、島に暮らす海人《あま》たちが信仰した神であったのだろうとしている。さらに、矛で潮水をかきまわすと塩が凝り固まってオノゴロ嶋ができたという話は淡路島で製塩を行っていた海人たちの唱えごとがルーツであろうとする説や、淡路島に古来、屯倉《みやけ》（大和朝廷の直轄地）が置かれて塩や海産物、鳥獣などが宮中に献上されて淡路国が「御食《みけ》つ国」の役割を担っていた史実などを紹介しつつ、国生み神話の原型は淡路島の海人が語っていたもので、それがのちに国家神話に組み入れられて、本州、四国、九州をもカバーする全国的なスケールをもつ神話に拡張されていったのだろうとも指摘している。

説得力に富む見解であろう。

難波津の古儀と国生み神話のリンク

ところで、古代、難波津《なにわづ》（淀川の河口）では、天皇の即位後、「八十島祭《やそしままつり》」という祭儀が恒例として行われていた。天皇が直接行幸して行われるものではなく、女官たちが天皇の御衣《みそ》を納めた箱を揺り動かし、禊を修して祭物を海に流すというものであった。

八十島祭の祭神や主旨については諸説があるが、その一つに、祭神は国土の神格化である生島神《いくしまのかみ》・足島神《たるしまのかみ》で、主旨は新帝に国土すなわち「大八洲《おおやしま》（大八島）の霊」を付着させることだとするものがある。

さらに興味深いことに、こんな解釈もみられる。

イザナキ・イザナミの国生み神話が淡路島からはじまるのは、八十島祭を行う際に難波津に出で立つと、まず最初に淡路島が見えるからだ、というのである（西郷信綱『古事記注釈』第一巻）。つまり、難波津で淡路島を望んで行われた天皇即位の古儀が国生み神話の淵源になったのだ、ということである。

もっとも、八十島祭の文献上の初出は『日本文徳《もんとく》天皇実録』の嘉祥《かしょう》三年（八五〇）条であり、それは『古事記』『日本書紀』の成立から年代をへているので、この祭儀が記紀神話の由来になったと考えることには無理があるが、難波に宮都が営まれた仁徳朝に、八十島祭のルーツになるような秘儀的な就任儀礼が難波津で行われていたのではないか、と指摘する研究者もいる（日本史学者の岡田精司《せいし》氏）。

仁徳が詠んだ「オノゴロ嶋」の歌とは、難波津で行われたそんな秘儀の折に唄われたものであったのかもしれない。

そして、淡路の海人たちが語り伝えた素朴な国生み神話が宮廷神話に採り入れられたのは、そんな仁徳の時代であったのかもしれない。

異界とのボーダーライン

比婆山と黄泉比良坂

——イザナミはどこに葬られ、どこへ消えたのか

出雲と伯耆の境界に葬られたイザナミ

〈国生みを終えたイザナキ（伊耶那岐神《いざなきのかみ》）・イザナミ（伊耶那美神《いざなみのかみ》）は、次に神生みに取り掛かり、国土を整えるのに必要な生活や自然界を司る神々を生んでいった。

ところが、火の神であるヒノガクツチ（火之迦具土神《ひのかぐつちのかみ》）を生むと、イザナミは女陰に火傷を負って寝込んでしまい、ついには亡くなってしまった。

亡くなったイザナミは出雲国と伯耆国《ほうきのくに》の堺にある比婆山《ひばやま》に葬られた〉

『古事記』によれば、火の神を生んで陰部を焼かれたイザナミは、それがもとで亡くなってしまい、出雲（島根県東部）と伯耆（鳥取県西部）の境界にそびえる比婆山に

葬られたという。つまり比婆山にイザナミの墓が築かれたというのだが、この比婆山がどこに比定されるのかをめぐっては、古来、諸説が唱えられている。

広島県庄原《しょうばら》市にその名も「比婆山」という山がそびえているではないか——そう指摘する声も聞こえてきそうだが、のちほど詳述するように、その山が「比婆山」と呼ばれるようになったのは、じつは明治時代に入ってからのことである。

まずは比婆山をめぐる「諸説」を紹介してみよう。

比婆山の比定地をめぐる諸説

・神納山《かんなやま》（島根県松江市八雲町日吉《ひよし》）

松江市八雲町の西側、大庭町《おおばちょう》との境にある神納峠の近くに、鬱蒼とした木々に覆われた、古墳とおぼしき小丘があり、地元にはこれをイザナミ陵とする伝承がある。

この小丘、もしくは小丘を含む丘陵一帯は古くから神納山と呼ばれていたらしいが、享保《きょうほう》二年（一七一七）成立の出雲の地誌『雲陽誌《うんようし》』は「神納山」の項で、ここにイザナミの神魂が鎮まったゆえに「神納」という地名が生じたとする伝承があることを記し、現在は大庭町（神納山の北西方）に鎮座するイザナミを祀る古社、神魂《かもす》神社の旧地がここであったとする伝えがあることも付記している。

神魂神社は式内社《しきないしゃ》ではなく、『出雲国風土記《ふどき》』（七三三年）にも記載されていないが、出雲国造《くにのみやつこ》（出雲国の首長の称号で、出雲大社を司る）の就任儀礼では重要な役割を果たす神社で、出雲国造家の遠祖であるアメノホヒ（天穂日命《あめのほひのみこと》）の最初の降臨地であるとか、出雲国造の当初の居館があったところではないか、などと言われている。

神納山の小丘は明治三十三年（一九〇〇）、宮内省によりイザナミ陵の伝説地に指定され、現在も宮内庁が「岩坂《いわさか》陵墓参考地」として管理している。

・比婆山《ひばやま》（島根県安来《やすぎ》市伯太《はくた》町横屋）

島根県東部の伯太川上流域に標高約三二〇メートルの比婆山という名称の山がある。これぞまさしくイザナミ陵の比婆山であると言われ、聖地視されてきた。山頂付近にはイザナミを祀る久米《くめ》神社の奥宮がある。御神体は山頂にある伝イザナミ陵の円墳で、麓に里宮がある。出雲国意宇《おう》郡の式内社「久米神社」に比定され、『出雲国風土記《ふどき》』にも意宇郡の神社「久米社」として記載がある。

本居宣長《もとおりのりなが》は『古事記伝』のなかでこの山をイザナミ陵とする説に触れている（五之巻「おひつぎの考」）。ただし、この山がいつから比婆山と呼ばれるようになったかは判然としない。当地が古くは意宇郡母里《もり》郷日波邑《ひなみむら》に属していたことから「日波邑の山」と呼ばれ、いつしか日波がヒバと解されて「比婆山」と訛伝されるようになったのかとも推測される。日波の「波」という字が、比婆の「婆」に近い字であることも影響したのかもしれない。

出雲国と伯耆国のちょうど境目あたりにあるという点では、『古事記』の記述とよく一致する。このあたりは古墳が多いところである。

・**御墓山**《おはかやま》（鳥取県日野《ひの》郡日南町）

前項の比婆山からさらに尾根伝いに南西方向に進んだ先の、島根・鳥取県境からやや鳥取側に入ったところに、イザナミ陵と伝わる御墓山（標高七五八メートル）がある。近くの猿隠山《さるがくれやま》はヒノカグツチを出産したところだという。伯太川や斐伊川《ひいがわ》の源流域である。

・**比婆山**《ひばやま》（広島県庄原市）

広島県庄原市北部の、島根県の北の県境に接する山地に連なる標高一二〇〇メートル前後の山々を比婆山連峰といい、この中に含まれる烏帽子《えぼし》山、御陵《ごりょう》、池ノ段、立《たて》烏帽子山、竜王山の五峰をとくに比婆山と総称する。また、この五峰のうちの御陵

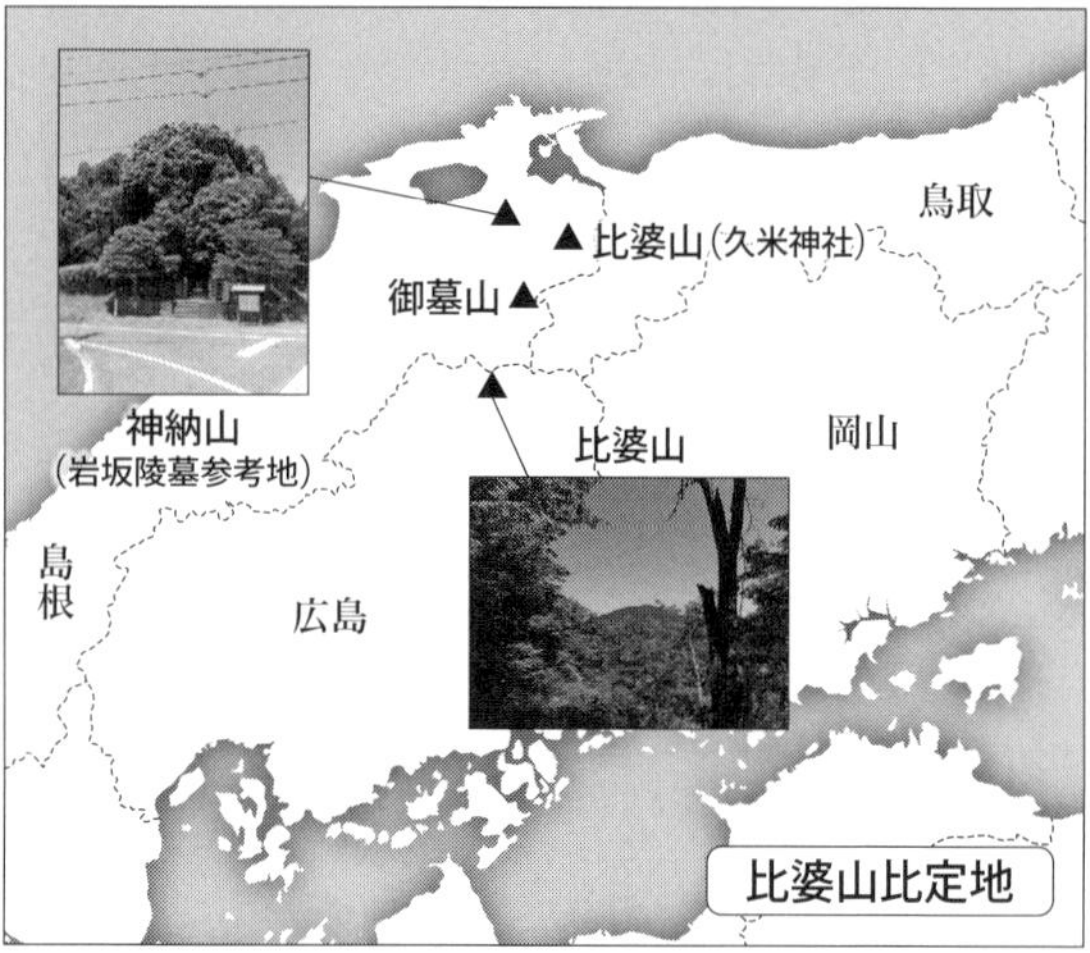

比婆山比定地

（標高一二六四メートル）のみを比婆山と呼ぶこともあり、山頂中央にある円丘（御陵）はイザナミ陵と伝わる。

　五峰の南麓にはイザナミを祀る熊野神社が鎮座しているが、社伝によれば、創建年は不詳ながら、和銅六年（七一三）までは比婆大神社と称していたという。

　ただし、地元の人びとのあいだでは御陵のある比婆山は明治中頃までは美古登《みこと》山と呼び慣わされてきた。ところが、国家神道の高まりとともに生じた記紀神話伝承地顕彰の流れの中で、当地を神話上の比婆山と同一視しようとする動きが強まり、比婆山という名称が定着していった。それは明治三十年代のことである。ちなみに、明治三十一年（一八九八）には、この一帯に古くからあった奴可《ぬか》・恵蘇《えそ》・三上《みかみ》の三郡が合併して比婆郡が成立している。これも聖蹟顕彰運動の影響であろう。比婆山北東麓にはJR芸備《げいび》線の比婆山駅があるが、昭和三十一年（一九五六）までは備後熊野駅と称していた。

そもそも、この山の所在地を『古事記』が記す「出雲と伯耆の堺」とみることには、かなりの無理があろう。

とはいえ、比婆山の南西麓に広がる庄原市比和《ひわ》町の「比和」は古くからある地名で、ヒワはヒバに通じる。また、比和の人びとは美古登山のことをヒワヤマと呼んでいたらしいが、これもヒバヤマに通じる。こうした点では、この山を比婆山とする説にもそれなりの根拠があると言える。実際、遅くとも近世には美古登山をイザナミの葬地とする伝承は存していたようである。美古登山という山名も、イザナミノミコトに関連づけて解されていたのかもしれない。

「あの世とこの世の境」にそびえる比婆山

これら諸説のうち、有力視されてきたのは、島根県安来市の比婆山と広島県庄原市の比婆山の二説で、聖蹟顕彰運動が高まった昭和戦前頃には、はげしい論争が繰り広げられたこともあった。

一九七〇年代以降、広島の比婆山周辺に謎の怪獣「ヒバゴン」が出没して話題にのぼるようになったためか、現在は、比婆山というと広島のそれが一般には認知度が高いようだ。

しかし、『古事記』の記述（「出雲国と伯耆国との堺の比婆山」）に則して考えるならば、島根県安来の比婆山の方に分《ぶ》があるのではないだろうか。また、後述するように、死んだイザナミが赴いた「黄泉国《よみのくに》」にまつわる有力な伝承地が島根県にあることも、島根の比婆山に味方しているように思える。要するに、出雲地方のローカルな神話がイザナミ葬送神話のひとつのモチーフになったのではないか、ということである。

ただし神話としてここで重要なのは、比婆山の正確な位置云々ではなく、国の「境界」にある山に神が葬られたという説話なのであり、それは、西郷信綱氏によれば、「あの世とこの世の境」に神を葬ったということの神話地理学的表現なのだという（『古事記注釈』第一巻）。

黄泉国のモデルは横穴式古墳の石室か

『古事記』の続きへ進もう。

比婆山に葬られたイザナミは、黄泉国《よみのくに》（ヨモツクニとも）へと入ってしまう。黄泉国とは死者が赴く世界、すなわち死後の世界であり、地下にあるとも、山なみや海原のはるか彼方にあるとも信じられてきた異界・他界であり、神々が住まう高天原《たかまのはら》と、葦原中国《あしはらのなかつくに》を挟んで対置される世界である。ヨミという語はヤミ（闇）に由来すると言われ、「黄泉」は地下の冥土を意味する漢語である（中国では大地の色を「黄」とする）。

イザナキも愛する妻を追って黄泉国へと訪れることになるのだが、そこで彼を待ち受けていたのは、恐るべき光景であった。

〈黄泉国を訪れたイザナキは御殿の戸口で妻イザナキと再会を果たし、妻を地上世界に連れ戻そうとする。ところがイザナミは「私はもうヨモツヘグイ（黄泉国の竈《かまど》で煮炊きしたものを食べること）をしてしまったので、元の世界へ戻れないのですが、黄泉国の神と相談してみます。ただし、その間は私の姿を絶対に見ないでください」と断わって、御殿の中に入って行った。

しかし待ちくたびれたイザナキは、約束を破って御殿の中に忍び込み、暗がりの中で火を灯す。するとそこで彼が目にしたのは、ウジがたかり、八柱もの禍々しい雷神が生え出ている、おぞましきイザナミの屍体だった。

イザナキは恐ろしさのあまり、逃げ帰ろうとするのだが……〉

暗がりの中に浮かんだおぞましい妻の姿を見てイザナキが衝撃を受ける場面については、日本の横穴式古墳の石室と結びつける解釈もしばしばなされる。

まず、ウジのたかるイザナキの体は石室の中に安置された死骸に相当しよう。石室からは須恵器《すえき》などの食器が検出されることが多いが、これらは、被葬者の子孫が石室に入り、死者に対して食物を供える儀式を行っていたことの痕跡と言われる。死者に対する食物の供献は、死者の側からすればまさしくヨモツヘグイにあたろう。

そして儀礼に参列した人々は、暗がりの中で腐敗した死骸を覗きみて、深い恐怖にうたれたことだろう。

この神話には、そんな古代人の体験が反映されているのだろうか。

出雲にある黄泉比良坂の伝承地

さらに続きをみよう。

〈変わり果てた愛妻の姿を見て恐怖にかられたイザナキは、黄泉国からの脱出をはかるが、これに対してイザナミは「禁を破って、私に恥をかかせたな！」と怒り、醜女《しこめ》や雷神らにイザナキを追わせた。

しかしイザナキは巧みに追っ手をかわして、黄泉国とこの世の境界である「黄泉比《よもつひ》良坂《らさか》」にまでなんとかたどりつく。

ところが、まもなくイザナミ自らが追いかけてきて、黄泉比良坂の麓までやってきた。そこでイザナキは巨岩「千引《ちびき》の石《いわ》」を引っ張って来て坂をふさぎ、岩をはさんでイザナミと対峙し、別れの呪言を言い渡そうとした。そのとき、イザナミが告げた。

「いとしい私の夫よ、もし離縁するというなら、あなたの国の民を一日に千人、首を絞めて殺しましょう」

すると、イザナキはこう答える。

「いとしい私の妻よ、もしおまえがそうするなら、私は一日に千五百の産屋《うぶや》（出産のために別に設けられた小屋）を建ててみせよう」〉

この場面に続けて『古事記』は「こういうことがあったので、この世では一日に必ず千人が死に、一日に必ず千五百人が生まれるのだ」と説き、黄泉比良坂について

伊賦夜坂伝承地　この世との境界を実感できる場所である

「今、出雲国の伊賦夜坂《いうやさか》と謂ふ」と記している。

つまり、黄泉国とこの世の境界である坂が出雲国にあって、『古事記』が書かれていた時代には「伊賦夜坂」と呼ばれているというのである。

伊賦夜坂の所在地は現在の島根県松江市東出雲町の**揖夜《いや》神社**があるあたりとされていて、この神社から南東に五〇〇メートルばかりのところにある山林の中には、伊賦夜坂（黄泉比良坂）の伝承地とされるスポットもあり、「千引の岩」に擬せられる巨岩が置かれ、石碑が立っている。

揖夜神社は『日本書紀』斉明《さいめい》天皇五年（六五九）条や『出雲国風土記』にも記載が

ある古社で、式内社であり、イザナミを祭神とする。社名もしくは地名のイフヤ・イヤは、一説に、ユヤとも言い、「死者の国」を意味するのではないかという。イヤ・ユヤという地名（祖谷、湯谷）は全国にみられるが、そこを死霊の行き着くところとする伝承が多くみられるからである（谷川健一編『日本の神々 7山陰』の「揖夜神社」の項）。

『日本書紀』斉明天皇五年（六五九）条には、「犬が死人の腕を噛み取って揖夜神社（言屋社）に置いた」という記述があり、これに対して「天皇が崩御する前兆である」という原注がある。この記述はこの神社が黄泉国や死者の国と関連付けられて宮廷にまで知られていたことを示しているにようにもとれる。

ただし、揖夜神社の鎮座地は中海《なかうみ》の岸に比較的近いところであり、神話が描写するような深山幽谷の雰囲気はない。今よりも岸がずっと内陸側にあった古代には、この場所はほぼ海岸沿いにあたっていたはずである。

観光名所にもなっている伊賦夜坂の伝承地も、高い樹々に覆われて幽邃な気をいくらか漂わせてはいるが、さほど勾配がきついわけでもない。はっきり言ってしまえば、全国どこにでもありそうな、ごくありふれた山林地である。実際、昭和十五年（一九四〇）に皇紀二六〇〇年を記念して地元の有力者が石碑を建てて神話伝承地として顕彰するまでは、このあたりはただの畑が広がっていたらしく、とくに遺跡があったわけでもない。例の「千引の岩」もどこかよそから運ばれてきたものらしい。

しかし今から千年、千五百年の昔がどうだったかはわからない。死者の国への入口を思わせるような、寂しく荒涼とした風景が広がっていたのだろうか。

海辺の洞窟も黄泉国への通路だった

出雲には、黄泉国へとつながる「境界」の地として古くから伝えられて、よく知られたスポットが、もう一カ所ある。

『出雲国風土記』出雲郡宇賀《うか》郷の条によると、日本海に臨む「脳《なづき》の礒《いそ》」と呼ばれる磯に高さ・広さが六尺ほどの洞窟があり、さらにその洞窟の中に、人の入ることのできない深さ不明の穴がある。この磯の洞窟のあたりまで行く夢を見ると、人は必ず死ぬ。そのため、土地の人びとはこの洞窟を「黄泉の坂」「黄泉の穴」と呼んでいるのだという。

黄泉国に通じているという「脳の礒」の洞窟の比定地として有力視されているのが、

出雲市猪目《いのめ》町にある**猪目洞窟**である。出雲大社の北方、猪目漁港の西側にある洞窟で、かつては穴口は小さなものであったが、昭和二十三年（一九四八）に漁港関連の工事が行われた際、弥生時代～古墳時代に埋葬されたとみられる人骨が十三体以上出土した。この洞窟は、『風土記』編纂の時代（奈良時代）からさほどさかのぼらない時期まで、墓地として利用されていたのだ。

猪目洞窟　奥行50メートルほどの海食洞窟である

ここが「黄泉の穴」として認識されていたから墓地となったのだろうか、それとも墓地となったために「黄泉の穴」と見なされるようになったのだろうか。いずれにせよ、人骨の出土は『風土記』の「黄泉の穴」伝承の痕跡を示しているようで、興味深い。ただし、「脳の磯」洞窟の比定地には、猪目洞窟から北西に二キロほどのところにある「**水垂《たるみ》の磯**」（出雲市大社町鷺浦《さぎうら》）の洞窟も有力視されている。

イザナキ・イザナミと黄泉国の組み合わせは後付けか

このように出雲には黄泉国にまつわる豊かな古伝承があり、島根県安来市の比婆山も、広義ではその中に含められよう。

しかし不思議なのは、記紀の黄泉国神話の主人公であるイザナキ・イザナミに対する古い信仰の痕跡が、出雲に見られないことである。『出雲国風土記』には、スサノオ（須佐之男《すさのお》命《みこと》）と同一視される熊野加武呂命《くまのかむろのみこと》の親神の名としてイザナキの名が現れる程度だし（意宇《おう》郡出雲神戸《いずものかんべ》条）、出雲の式内社でイザナキ・イザナミと関連がありそうなのは、出雲大社（杵築《きづき》大社）の末社として挙げられ

水垂の磯　縦穴から日が差し込む様は神秘的である

ている「神伊佐那伎神社《かむいざなぎ》」ぐらいだ。先に記したように、比婆山の久米神社と揖夜神社はイザナミを主祭神としているが、古代から一貫してそうであったかどうかはわからない。

さらに付け加えるならば、出雲の黄泉国関連の伝承地には、仏教の地獄に通じるような、陰惨な空気があまり感じられない。

「出雲に古くからあった黄泉国伝承が、淡路の海人《あま》たちにルーツをもつイザナキ・イザナミ伝承と、中央王権の語り部《べ》や政治的な意図などを媒介として接合され、ホラー風の物語に脚色された」

イザナキ・イザナミを主人公とする記紀の黄泉国神話には、そんな歴史的背景が秘められているのではないだろうか。

日本神話究極の聖地
天石屋
——日本各地に残るアマテラスの隠れ家

イザナキが禊を行った「阿波岐原」とは

承前で『古事記』の筋を追ってみよう。

〈イザナミ（伊耶那美神《いざなみのかみ》）と別れて黄泉国《よみのくに》から逃げおおせたイザナキは、死の穢《けが》れを祓うべく「竺紫《つくし》の日向《ひむか》の橘《たちばな》の小門《おど》の阿波岐原《あわきはら》」で禊《みそぎ》を行う。

するとこれによって種々の神々が化生してゆき、その最後として、左目を洗うとアマテラス（天照大御神《あまてらすおおみかみ》）が、右目を洗うとツクヨミ（月読命《つくよみのみこと》）が、鼻を洗うとスサノオ（須佐之男命《すさのおのみこと》）が、それぞれ出現した〉

さて、「竺紫の日向の橘の小門の阿波岐原」とはどこか。「竺紫（筑紫）」は九州の古名で、「小門」は「狭い水門」の意であることから、これを九州の海沿いの地名ととる説があり、事実、この地に比定される土地や神社が宮崎県の海辺にある。イザナキ・イザナミを祀る式内社《しきないしゃ》の**江田《えだ》神社**（宮崎市阿波岐原町《あわぎがはらちょう》産母《やぼ》）がそれで、この神社が鎮座する一帯は阿波岐原の霊跡と伝承され、神社東北にある「御池《みいけ》」はまさしくイザナキが禊を

江田神社　禊や祝詞の発祥の地と伝えられる

江田神社のみそぎが池　神々が誕生した神聖な池である

行ったところだと言われ、「みそぎが池」とも呼ばれている。

しかし、日向には「太陽に向かう地」という普通名詞的な意味があり、橘は常緑樹であって、それぞれが活発な生命力を象徴する表現でもあることを踏まえるならば、この言葉は、特定の現実の地名ではなく、穢れを洗い清める霊力がこもった川や海の岸辺に対する神話的な地名ととらえたほうが、わかりやすいのではないだろうか。イメージとしては、陽に明るく照らされ、緑の草木に囲まれた、清らかな水が絶えず豊かに流れ下る、河口付近の浅瀬である。

アマテラスの天石屋戸籠りは「死」の表現か

〈禊を終えたイザナキは、誕生したばかりの三貴子《さんきし》に次のように命じた。

「アマテラスは高天原《たかまのはら》を、スサノオは海原を、ツクヨミは夜の世界を、それぞれ領有して支配しなさい」

ところが、スサノオはこの命に従わずに泣きわめき、「妣《はは》が国、根の堅州国《かたすくに》（亡母イザナミがいる黄泉国のこと）へ行きたい」と訴えた。

するとイザナキはスサノオのわがままに怒り、彼を追放してしまった。

追放されたスサノオは、根の堅州国に行く前に姉のアマテラスに暇乞いをしようと思い、高天原へと昇る。

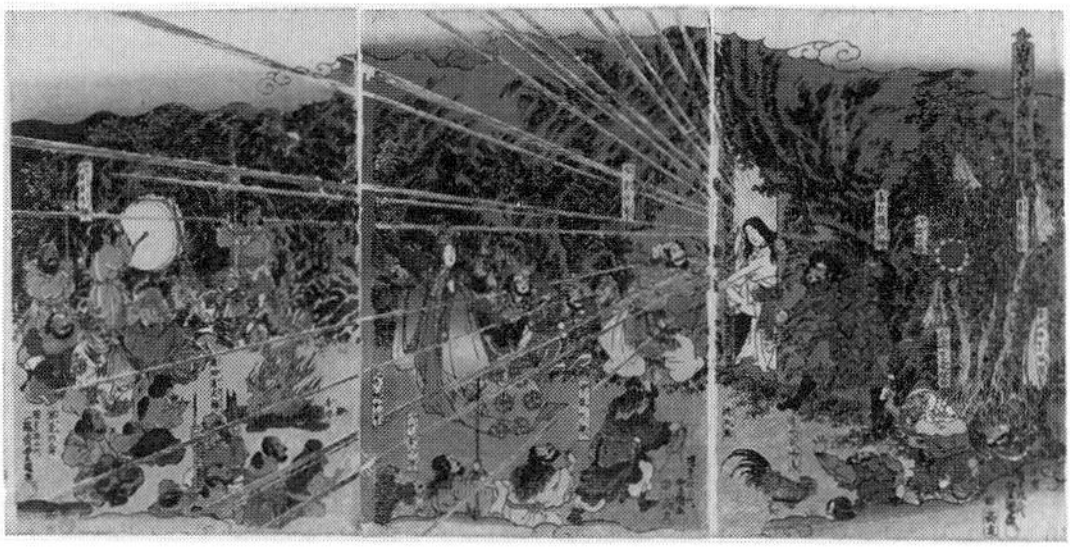
アマテラス　岩戸から出る様子が描かれる（歌川豊国画『岩戸神楽乃起顕』）

しかし、スサノオが大地を震わせながら近づいてくるので、アマテラスは「スサノオは高天原を奪い取りに来たな」と疑って、武装して待ち構えていた。スサノオは邪心はないと訴えるも、アマテラスは信用せず、結局、ウケヒ（宇気比）をして正邪を判断しようということになった〉

ウケヒとは神に誓約した通りの結果が現れるかどうかで神意を占うもので、この場合で言うと、女子を生んだら神意にかなって正しい、ということであったらしい。

〈二神は天安《あめのやす》の河をはさんで対峙し、ウケヒをはじめた。

するとアマテラスがスサノオからもらい受けた剣を

『古事記』における神々の系譜①

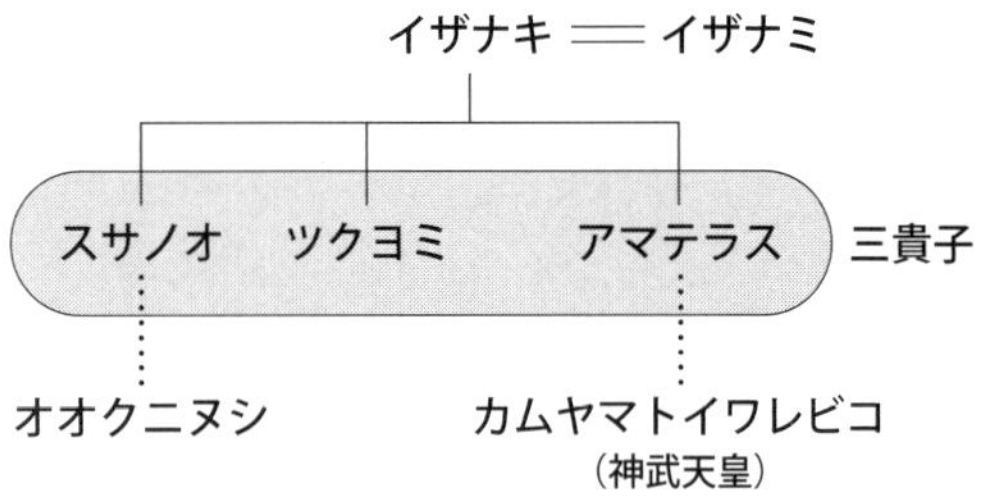

……波線は先祖・子孫

噛んで吹き捨てた息からは女神（宗像《むなかた》三女神）が、スサノオがアマテラスからもらい受けた珠を噛んで吹き捨てた息からは男神（アメノオシホミミ〔天之忍穂耳命《あめのおしほみみのみこと》〕他合わせて五柱）が成り出でた。

スサノオは、「私の心が潔白だから私の剣から女神が生まれたのだ。だから、私の勝ちだ！」と驚喜し、その勢いでアマテラスが作った田んぼを荒らし、アマテラスの御殿に糞をまき散らし、挙げ句、アマテラスの衣を作る機屋《はたや》の屋根に穴をあけ、皮を剥いだ馬を落とし入れた。これに驚いた機屋の服織女《はとりめ》は機織具の梭《ひ》で陰部をひどく傷つけ、死んでしまう。

アマテラスは、このようなスサノオの乱行に深いショックを受け、天石屋戸《あめのいわやと》を開いて、中に籠ってしまった。すると、高天原も葦《あし》原中国《はらのなかつくに》もみな真っ暗闇に包まれ、万《よろず》の災いが起こりはじめた〉

以上が「アマテラスの天石屋戸籠り」に至るまでの流れである。「天石屋戸」は、正確に言えば「天石屋（岩屋）にある戸」のことで、『日本書紀』では「天石窟戸《あまのいわやと》」とか「天石窟の磐戸」と表現されている。アマテラスは高天原にある岩窟の戸を引き開けて中に入り、さらにみずから戸をかたく閉めて、閉じこもってしまったのである。それは、貴人の死を隠喩しているとも言えるし、祭儀の前に行われる忌籠《いみごも》りの神話的表現ととらえることもできる。

アマテラスの出現は太陽の再生

続きへ進もう。

〈アマテラスが石屋に籠ってしまったので、いつ明けるとも知れない夜が続いた。そこで八百万《やおよろず》の神は、天安の河原に集まってどうするべきか相談し、アマテラスを招き出すための祭儀を行うことにした。

そして石屋戸の前でフトダマ（布刀玉命《ふとだまのみこと》）が勾玉《まがたま》と鏡と幣《ぬさ》を取り付けた榊を神への供え物として奉り、アメノコヤネ（天児屋命《あめのこやねのみこと》）が祝詞《のりと》をあげるなか、アメノウズメ（天宇受売命《あめのうずめのみこと》）が小竹《ささ》の葉を手に持ち、桶を伏せそれを踏み、大きな音を響かせて踊りはじめた。

やがてアメノウズメは神憑《かみがか》りとなり、服がはだけて胸があらわとなる。これを見た八百万の神は、高天原が鳴動せんばかりに、どっと笑った。

その笑い声を耳にしたアマテラスは、いったいどうしたのかと不思議に思い、石屋戸を少し引き開けてそっと外の様子を窺う。するとこのとき、石屋戸のそばに隠れていたアメノタヂカラオ（天手力男神《あめのたぢからおのかみ》）がアマテラスの手をむずとつかみ取り、外へ引きずり出した。

こうして高天原も葦原中国《あしはらのなかつくに》も、明るく照らし出された〉

岩窟に籠っていた太陽の女神アマテラスはパワーを蓄えたうえで再生を果たし、世界は新たな輝きのもとで更新されたのである。

全国各地に点在する天石屋の伝承地

アマテラスが籠った「天石屋」というのは、天上の高天原に所在する、あくまでも神話上の岩窟であるが、周知のように、「天石屋」の伝承地は西日本を中心として日本各地に見られる。

そのなかで最も有名なのは、宮崎県高千穂町岩戸《たかちほちょういわと》の**天岩戸神社**《あまのいわとじんじゃ》だろう。五ヶ瀬川《ごかせ》支流の岩戸川沿いに鎮座するこの神社の創祀年代は不詳だが、アマテラスを祭神とし、西本宮と東本宮に分かれている。そして西本宮から見て対岸の断崖には天岩戸（天石屋戸）と伝えられる洞窟があり、洞窟そのものに注連縄《しめなわ》がはられており、これが御神体となっている。そのため西本宮には本殿がない。また現在の拝殿からも直接これを拝することはできないが、希望すれば神職の案内で拝殿奥の遙拝所《ようはい》から拝することができる。なお、現在の「天岩戸」は断崖に穿たれた窪みのようにしか見えないが、かつては確かに洞窟状になっていたものの、昭和戦後に台風の影響を受けて、壁の一部が崩れてしまったのだという。

天岩戸神社（西本宮）　御神体には2020年に初めて注連縄が張られた

仰慕窟　洞窟内には天安河原宮が鎮座する

　また、西本宮から岩戸川沿いを徒歩で十分ほどさかのぼると八百万の神が集った「天安の河原」の伝承地がある。その一角には間口四〇メートル、奥行き三〇メートルほどの「**仰慕《ぎょうぼが》窟《いわや》**」と呼ばれる大洞窟があり、洞窟内の社には八百万の神が祀られている。そして岩戸川はアマテラスとスサノオがウケヒをした「天安の河」に擬せられている。

　考えてみれば、天上界にあるはずの岩窟を地上世界のそれに比定するのはナンセンスだが、『高千穂町史』（一九七三年）によると、「天岩戸に似たところであるので天孫が高千穂におくだりになった後、岩戸川の峡谷の岩屋を天岩戸として尊崇された」という伝承があるのだという。つまり、高天原から地上世界へ天降った、アマテラスの孫のニニギ（邇邇芸命《ににぎのみこと》）がこの地の岩窟を見て、故郷の（本物の）天石屋をしのんだということなのだろう。

あるいは、「高千穂で記紀の天石屋神話の原型となるようなローカルな神話が語られていて、それが中央に取り込まれたのだろうか」とも考えてみたくなるが、その可能性はあまり高くはなさそうだ。天岩戸神社の社伝は、弘仁《こうにん》三年（八一二）に大神惟基《おおがのこれもと》が社殿を再興したとし、神社そのものはそれ以前のかなりの昔から存在していた前提になっているが、信頼できる史料にそのことを証する記録を見出すことができないからである。

この他にも「天石屋」と呼ばれる岩窟や巨岩が全国に散在するが（最南端は沖縄・伊平屋《いへや》島のクマヤ洞窟）、それらのほとんどは、記紀に記された天石屋神話の影響を受けて後世にそう呼ばれるようになったのであろうことは想像に難くない。

天石屋神話は横穴式古墳の石室から構想されたのではないか、という説もある。三重県伊勢市豊川町の**伊勢神宮外宮《げくう》**（**豊受大神宮《とようけだいじんぐう》**）の神域にある高倉山の頂上（標高一一六メートル）には巨大な横穴式石室を有する古墳があり、古来そこは天石屋に擬せられて信仰の対象となってきた。六世紀中頃の築造と推測され、被葬者は外宮に禰宜《ねぎ》として奉仕していた度会《わたらい》氏ではないかとも言われている。この古墳については、外宮の成立と何らかの関係があるのではないか、という指摘もある。

ただし、明治以降は立ち入り禁止となっている。

飛鳥の宮殿にあった「御窟殿」も天石屋か

ここまでは、「天石屋」とは天然の岩窟であるという前提で記してきたが、必ずしもそうとは限らないとする見方もある。

たとえば、本居宣長《もとおりのりなが》は『古事記伝』の中で「石とはただ堅固《かたき》を云《いわ》るにて…（中略）…ただ尋常の殿《との》をかく云るなるべし」と、つまり天石屋とは、岩窟ではなく、堅牢な御殿・建物のことであろうと指摘している（八之巻）。

これに関連して興味を引くのは、飛鳥《あすか》時代の宮中に存したとされる「御窟殿《みむろとの》（御《み》窟院《むろのいん》）」と呼ばれた建物（もしくは部屋）である。

まず、『日本書紀』朱鳥《しゅちょう》元年（六八六）正月十八日条の記述に注目したい。時代は奈良の飛鳥に宮（**飛鳥浄《あすかのきよ》御《み》原宮《はらのみや》**）を営んだ天武《てんむ》天皇の御世である。

「是《こ》の日に、御窟殿の前に御《おわ》して、倡優《しょうゆう》等に禄賜《ものたま》ふこと差有《しなあ》り。亦、歌人等に袍袴《きぬはかま》を賜ふ」

現代語に訳すと、「この日、天武天皇は御窟殿の前にお出ましになり、俳優らに褒美を、歌人らに衣を賜わった」となろう。

同じ年の七月二十八日条には「宮中の御窟院で仏事を行った」という記事が出てくるが、御窟院と御窟殿は同じものと考えられている。

御窟殿は『日本書紀』にはこの箇所以外には登場しないし（天武天皇は同年九月に崩御）、これ以後の正史にも登場しない。そのため、これがどんな建物であったのか、何のための施設だったのかは判然とせず、いくつもの説が唱えられることとなってきた。

そのなかで注目されるのは江戸時代の国学者谷川士清《ことすが》の説である。彼は『日本書紀』の注釈書『日本書紀通証』のなかで、「御窟殿とは天石屋の遺象《いしょう》ではないか」と記している（第二十二巻）。

この説を、やや筆者の見解も補足して敷衍すると、次のように考えられなくもない。「御窟殿とは、アマテラスが籠った高天原の天石屋をイメージした神殿だったのではないか。そこでは俳優《わざおぎ》らによって、神楽《かぐら》の原型のようにして天石屋神話が演じられていたのではないか。あるいは、宗教的な秘儀が行われていたのでないか。そこには皇祖神としてのアマテラスが祀られていたのではないか」

すでに指摘したように、天石屋は『日本書紀』神代巻では「天石窟」と書かれているので、たしかに御窟殿の「窟」に天石屋を読み取ることは、決して理不尽なことではない。想像するに、宮中の御窟殿には天石屋に擬せられる小屋、もしくは土を塗り固めて作った室《むろ》のようなものが設けられていて、天武天皇はそこで役者たちに、天皇家に古くから伝えられていた神話劇を演じさせたのではなかろうか。

天武朝の宮中鎮魂祭と天石屋神話の関係とは

天武天皇は『日本書紀』の編纂を命じた天皇で、『古事記』編纂もこの天皇の命令からはじまったと言われているが、記紀神話のハイライトとも言えるアマテラスを主人公としたドラマチックな天石屋神話は、ひょっとすると天武天皇が最も好むところであったのかもしれない。

また、アメノウズメが太陽神アマテラスの籠る石屋戸の前で神憑りして乱舞するというのを、太陽の勢いが最も衰える冬至（旧暦十一月中旬）の日に天皇霊を賦活するために行われる宮中鎮魂祭の起源譚として解釈する説があるが、その宮中鎮魂祭の史料上の初見は『日本書紀』天武天皇十四年（六八五）十一月二十四日条で、「是の日に、天皇の為に招魂《みたまふり》しき」とある。

一つの推測だが、この鎮魂祭をきっかけに天武天皇は天石屋神話に深く関心を抱くようになり、それが翌年の御窟殿の設営につながったのではないだろうか。

天武天皇の飛鳥浄御原宮は、奈良県高市《たかいち》郡明日香村飛鳥の飛鳥宮跡が跡地に推定されている。もし飛鳥浄御原宮内の御窟殿が天石屋を象《かたど》ったものであったとすれば、飛鳥に築かれたこの宮殿こそが天石屋の真の伝承地であり、そのオリジンであった、と考えることもできようか。

飛鳥京跡　飛鳥浄御原宮の跡地と推測されている

深掘り『古事記』①

『古事記』成立年の謎

『古事記』は、『日本書紀』と並んで日本神話および日本古代史に関する最も基礎的な資史料であり、この二書はしばしば「記紀」と総称され、神道では聖典視されてきた。

では、両書は正確にはいつ書かれたのだろうか。

まず『古事記』について見てみると、その成立年を知るうえで有力な手掛かりとなってきたのが、巻頭に置かれた編纂者太安万侶《おおのやすまろ》による「序」である。

それによると、『古事記』の編纂を最初に命じたのは天武《てんむ》天皇（在位六七三〜六八六年）で、天皇は正しい歴史を世に伝え残すべく、舎人《とねり》（下級官人）の稗田阿礼《ひえだのあれ》に「帝紀《ていき》」と「旧辞《きゅうじ》」の誦習《しょうしゅう》を命じた。「帝紀」も「旧辞」も伝存しないので詳細は不明だが、天皇の系譜や神話・伝説・歌謡などを書き記した文献だろうとされている。「誦習」については、テキストを声に出して読むことだとする説もあれば、暗誦のことだろうとする説もある。いずれにせよ、すでにテキスト化されていた神話・伝説の類いを、記憶力がとびきり優れていたという稗田阿礼に改めて口でとなえさせて整理し、それをもとに体系的な史書を編纂しようとしたということなのだろう。

序の続きによれば、この修史事業は天武天皇の崩御によって頓挫してしまうが、和銅四年（七一一）、天武天皇の姪にあたる元明《げんめい》天皇（在位七〇七～七一五年）の命によって官人の太安万侶が編纂作業を再開し、翌和銅五年の正月にそれが完成したので、天皇に献上した。つまり、序にもとづけば、『古事記』の成立は奈良時代の和銅五年（七一二）となる。

一方、『日本書紀』は「序」をもたないが、成立年が養老四年（七二〇）であることははっきりしている。奈良時代の正史『続日本紀《しょくにほんぎ》』の同年五月二十一日条に、天武天皇皇子の舎人親王《とねりしんのう》が勅を奉じて『日本書紀』を編んで元正《げんしょう》天皇に奏上したことが明記されているからだ。

それにしても、なぜほぼ同時代に『古事記』と『日本書紀』という似通った内容をもつ書物が編まれたのか。この問題については従来、『古事記』は国内向けのローカル系の

太安万侶　奈良県磯城郡にある小社《こもり》神社の祭神である太安万侶の坐像(三橋健氏所蔵)

史書として、『日本書紀』は国外（東アジア諸国）向けのグローバル系の史書として編まれた」というふうに説明されることが多かった。

しかし、近年では『古事記』冒頭の「序」を、本文の信憑性を高めるために後世に偽作されたものと考える説が注目され、和銅五年という成立年を疑問視したり、本文部分を推古朝に編纂されたものの散逸したとみられてきた史書『天皇記』と関連づける説も出されている（関根淳『六国史以前』）。『続日本紀』の和銅五年条に『古事記』完成に関する記述がないことや、『古事記』本文の記述が推古天皇の代までで終わっていることは、こうした見方を裏づけているようにも思える。

とはいえ、『古事記』の本文部分については、内容・用字などの点から、『日本書紀』に先行して八世紀初頭までに成立していたことはほぼ間違いない。『古事記』が日本神話や日本古代史を知るうえできわめて貴重な書物であることには変わりはないのである。

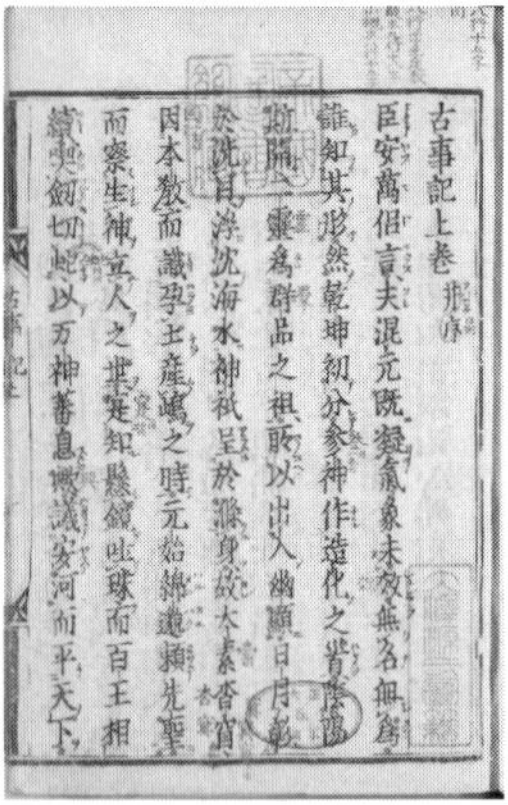
古事記上巻 并序
臣安萬侶言夫混元既凝氣象未效無名無爲
誰知其形然乾坤初分參神作造化之首陰陽
斯開二靈爲群品之祖所以出入幽顯日月彰
於洗目浮沈海水神祇呈於滌身故太素杳冥
因本教而識孕土產嶋之時元始綿邈頼先聖
而察生神立人之世寔知懸鏡吐珠而百王相
續喫劔切蛇以万神蕃息歟議安河而平天下

『古事記』の「序」　寛永21年（1644）刊の版本より（国立国会図書館）

第2章

神話を歩くII

神話の国の遺産

出雲

——古社と遺跡が誘う豊潤な神話世界

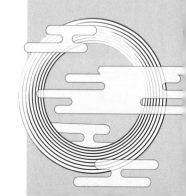

スサノオとオオクニヌシが主役の出雲神話

　アマテラスが岩窟から出現して天石屋《あめのいわや》神話が終わると、『古事記』神話の舞台は出雲へと移る。
〈高天原《たかまのはら》と葦原中国《あしはらのなかつくに》に再び明るさが取り戻されると、八百万《やおよろず》の神は総意によって、災いのもとを起こしたスサノオ（須佐之男命《すさのおのみこと》）を高天原から追放した。

追放されたスサノオは出雲国へ天降《あまくだ》るが、そこで国《くに》つ神《かみ》のアシナヅチ（足名椎《あしなづち》）・テナヅチ（手名椎《てなづち》）夫婦の一家が恐ろしい人食いのヤマタノオロチ（八俣遠呂智《やまたのおろち》）に苦しめられていることを知り、これを退治して夫婦の娘クシナダヒメ（櫛名田比売《くしなだひめ》）

を救った。このとき、斬られたオロチの尾から得た大刀《たち》が、のちに草薙剣《くさなぎのつるぎ》と名づけられることになる。

スサノオは出雲でクシナダヒメと結婚し、子をもうけた。

彼の六世の子孫として生まれたのが、オオクニヌシ（大国主神《おおくにぬしのかみ》）であった。

あるときオオクニヌシは、因幡《いなば》のヤガミヒメ（八上比売《やがみひめ》）のもとへ求婚に向かう兄弟の八十神《やそがみ》（大勢の神々）の従者として旅に出るが、途中の海岸で、毛をむしりとられた兎がうつ伏しているのに出くわす。兎はだました鮫の怒りを買って毛をもがれ、さらに八十神にだまされて海水を浴びて風に吹かれ、肌を傷めて苦しんでいたのだった。

オオクニヌシに肌を治す方法を教えられて肌が元通りになると、兎（イナバの素兎《しろうさぎ》）は「きっとあなたがヤガミヒメを得るでしょう」と予言した。

予言の通り、ヤガミヒメが八十神を拒み、オオクニヌシと結婚したいと言うと、八十神は怒り、オオクニヌシを謀殺する。ところが、その度にオオクニヌシは蘇る。

そしてスサノオのいる「根の堅州国《かたすくに》」（黄泉国《よみのくに》）に逃げ、そこでスサノオの娘スセリビメ（須勢理比売《すせりびめ》）と結婚する。

するとスサノオは、婿のオオクニヌシに難題を課し、次々に試練を与える。しかしオオクニヌシはことごとくこれを克服し、最後はスセリビメを背負って黄泉比良坂《よもつひらさか》を越えて出雲へ戻る。

そして多くの子孫をもうけ、海の向こうからやって来たスクナビコナ（少名毘古那《すくなびこなの》神《かみ》）の力を借りて、国を作っていった〉

「肥の河」は出雲の斐伊川か、それとも伯耆の日野川か

高天原から追放されたスサノオが降臨した場所は、『古事記』の記述に正確に即すると、「出雲国の肥《ひ》の河上、名は鳥髪《とりかみ》といふ地」である。「肥の河」は中国山地から発して出雲平野へと蛇行する**斐伊川**《ひいがわ》で、「鳥髪」は、斐伊川源流付近の、鳥取・島根の県境にそびえる**船通山**《せんつうざん》（標高一一四二メートル）のこととするのが通説である。

船通山は古くは鳥髪山（鳥上山）とも呼ばれ、山頂には大正時代に建立された「天叢雲 剣《あまのむらくものつるぎ》 出顕之地」と刻された石碑と鳥居がある。天叢雲剣とは、スサノオが退治したヤマタノオロチの尻尾から取り出した剣の『日本書紀』における当初の名称で（『古事記』には「都牟羽《つむは》の大刀」とある。ツムハとは渦の紋様がついた刃のことかという）、

のちにこの神剣でヤマトタケル（倭建命《やまとたけるのみこと》）が焼かれた野の草を薙《な》いで火難を逃れ、東国を平定したことから、草薙剣と呼ばれるようになるのだ。

斐伊川　うねる大蛇のような表情を見せる

　ところで、船通山一帯は砂鉄の山地で、古くはたたら製鉄の中心地だった。八つの頭と尾をもち、血でただれた腹をもつヤマタノオロチは、氾濫を繰り返す暴れ川だった斐伊川を暗喩しているとも言われるが、かつて砂鉄が流れた斐伊川は、まるでオロチの腹のように赤く染まったともいう。オロチ神話の背景には古代出雲の鉄文化がある。

　一方で、「肥の河」は斐伊川ではなく、鳥取県西部（伯耆国《ほうき》）を北流して日本海に注ぐ**日野《ひの》川《がわ》**だとする見解もある（西風《ならい》隆介「八岐大蛇が明かす「出雲神話」の謎」、『ムー』二〇二二年四月号所収）。

日野川もまた船通山に源を発する川だが、こちらは斐伊川とは逆に北東へ向かい、出雲ではなく伯耆の地を潤している。古代地誌である『伯耆国風土記《ふどき》』逸文《いつぶん》には、「テナヅチ・アシナヅチの娘クシナダヒメを八頭の蛇（ヤマタノオロチ）が呑もうとしたので、ヒメは山中に逃げ入った。ところが母親がなかなか来ないので、『母来《はは き》ませ、母来ませ』と言った。そこで『ハハキの国』と名づけられ、のちに伯耆国と改められた」という国名起源譚が記されているが、この説話は、西風氏によれば、オロチ神話の舞台が伯耆国であったことを示しているのだという。しかも日野川流域では、斐伊川以上にたたら製鉄が盛んだったらしい。

ちなみに『出雲国風土記《ふどき》』には、オロチ神話のことは全く言及されていない。オロチ神話のオリジンは出雲ではなく伯耆だったのだろうか。おもしろい見方である。

スサノオ神話の原郷、八重垣神社と須我神社

船通山を出雲側に下り、国道四三二号を松江方向へずっと北上してゆくと、縁結びのご利益《りやく》で有名な**八重垣《やえがき》神社**（島根県松江市佐草《さくさ》町）に至る。

社伝によれば、スサノオはヤマタノオロチを退治するとき、稲田姫《いなだひめ》（クシナダヒメ）を「佐久佐女《さくさめ》の森」にかくまい、大杉を中心にして八重垣を築き、そこに姫を隠して守ったという。神社境内の奥地には大杉がそびえる森があるが、ここがその「佐久佐女の森」だという。現在の祭神はスサノオと稲田姫である。

八重垣神社　社殿奥には奥の院が鎮座し、鏡の池などがある

『古事記』によれば、オロチを退治してめでたくクシナダヒメと結ばれたスサノオは「八《や》雲《くも》立つ　出雲八重垣　妻籠《つまご》みに　八重垣作るその八重垣を」という歌を詠んでいる。八重垣神社の社名や創祀伝承は、この和歌に由来しているのではないか。

ただし、この神社の実際の歴史はかなり複雑なようである。『日本の神々　7山陰』や『日本歴史地名大系』などの説明によると、八重垣神社自体は元来は現在地から西南に八キロほどの須賀《すが》（雲南市大東町須賀）の地にあった。それが戦国時代になって、毛利氏の進出とともに現在地の佐草に遷り、佐草に古くからあった神社を吸収した。「八重垣神社」の称の文献上の初出は戦国時代で、それ以前は正確に何と称していたのかははっきりしない。

一方、佐草に古くからあった神社というのは佐久佐社（佐草社）で、こちらは『出雲国風土記』や『延喜式神名帳《えんぎしきじんみょうちょう》』にも記載のある古社である。スサノオの御子神だという青幡佐久佐丁壮命《あおはたさくさひこのみこと》を祀り、神官は佐草氏が務めた。佐草氏の衰退や戦国期の混乱もあって、佐久佐社は八重垣神社に吸収されてしまったらしい。そしてそれに伴って、両社の伝承をミックスさせたような創祀縁起が形成されたのではないだろうか。

八重垣神社の旧地とみられる山あいの地、須賀には、スサノオ・クシナダヒメを祀る**須我《すが》神社**（雲南市大東町須賀）が鎮座している。そもそもこの須賀という地名は、『古事記』によれば、オロチ退治後、宮を作るために当地に来たスサノオが「私はここに来て、心がすがすがしい」と言ったことにちなむもので、また先に引いたスサノオの八重垣の歌は、須賀宮が完成したときに詠まれたことになっている。須我社は『出雲国風土記』にも記載があり、須賀宮をルーツとすると伝えられている。

『古事記』に記載はないが、この他の出雲地方でスサノオを祀る古社としては、須佐《すさ》川沿《がわ》いにあってアシナヅチの後裔と伝えられる須佐家が神職を務めてきた**須佐神社**（出雲市佐田町須佐）、島根半島の西端に鎮座してスサノオの五世孫 天葺根命《あめのふきねのみこと》の後裔と伝えられる小野氏が神職を務めてきた**日御碕神社**《ひのみさき》（出雲市大社町日御碕）などがある。日御碕神社の上方徒歩二十分ばかりのところにある隠ヶ丘《かくれがおか》はスサノオの終焉地と伝えられている。

因幡のシロウサギ説話の伝承地

オロチ神話が終わると、物語の主人公は、スサノオからその六世孫オオクニヌシに代わる。そして『古事記』は、オオクニヌシにはオオアナムジ（大穴牟遅神《おおあなむじのかみ》）、アシハラノシコオ（葦原色許男神《あしはらのしこおのかみ》）、ヤチホコ（八千矛神《やちほこのかみ》）、ウツシクニタマ（宇都志国《うつしくに》玉神《たまのかみ》）と合わせて五つもの別名があると記してから、「イナバの素菟」の説話をはじめる。

素菟とは、いわゆる「白ウサギ」のことではない。「素菟」は、オオクニヌシから「蒲《がま》の黄《はな》（花粉）を体に塗るといい」というアドバイスを受けて、毛をむしりとられ

白兎海岸　海中に浮かぶのが「淤岐の嶋」

た丸裸の状態から元の通りに白い毛がふさふさと生えた状態に戻った兎のことを表現している。

『古事記』によると、兎が伏せっていたのは、因幡(鳥取県東部)の「気多《けた》の前《さき》(岬)」だが、鳥取市白《はく》兎《と》に**気多《けた》岬**があり、付近の海岸は**白兎《しろうさぎ》海岸**と呼ばれて素菟神話の伝承地となっている。そして、海岸を上がった砂丘の上には、素菟を神として祀る**白兎《はくと》神社**が鎮座している。

　海岸沖には海岸に渡る前の素菟がいた「淤岐《おき》の嶋」にあてられる小島があり、そこから気多岬まで巨岩が並んでいる。

　白兎神社の創建年代は不明で、「淤岐の島」を隠《お》岐《き》島と結びつける説もあるが、白兎海岸沖の岩が並ぶ光景は、兎に騙されて並ばせられた幾匹もの鮫(ワニ)のようにも見える。そんなところから説話に結びつけられたのかもしれない。

オオクニヌシ遭難の伝承地にある「アカイシサン」

オオクニヌシは兎を救ったのち、ヤガミヒメと結ばれるも、その後、嫉妬深い兄弟たちの謀略にかかる。伯耆国の手間山《てまやま》の麓につくと、兄弟たちに「赤い猪がこの山にいる。俺たちが追い下すから、おまえは山麓でその猪を捕まえろ」と命じられる。しかし実際に追い下されたのは、猪ではなく、火で真っ赤に焼かれた大岩だった。焼けた巨岩を捕らえたオオクニヌシはたちまち焼け死んでしまった。

赤猪岩神社　「イナバの素菟」に続く再生神話の地とされる

そんなオオクニヌシの遭難の地と伝えられるのが、手間山（岩坪山《いわつぼ》）の北麓に鎮座する**赤猪岩神社**《あかいわ》（鳥取県西伯《さいはく》郡南部町寺内《てらうち》）である。境内の一角にある玉垣の中に、横二メートル、縦三メートルほどの「アカイシサン」と呼ばれる平石があり、この石の下にオオクニヌシを焼き殺した大岩が埋まっていると伝えられている。また『古事記』では、死んだオオクニヌシはキサガイヒメ（蚶貝比売《きさがいひめ》）とウムガイヒメ（蛤貝比売《うむがいひめ》）の姉妹の治療を受けて蘇生したことになっているが、赤猪岩神社付近には、オオクニヌシを蘇生させた薬に用いられたという水が湧く霊泉「清水井《しみずい》」がある。

ただし、現在の赤猪岩神社の鎮座地は元来は村の氏神だった八所大明神の摂社があったところだという。そこへ、大正時代に本社の八所大明神（久清《ひさきよ》神社）と、岩坪山山頂に鎮座していた赤猪神社が合祀されて、赤猪岩神社となったものらしい。

山頂付近には茶色系の岩が多く、山頂にあった赤猪神社は江戸時代には赤磐権現《あかいわごんげん》と呼ばれていた。アカイワという呼称はおそらく山頂付近の岩の色に由来し、それが『古事記』神話と結びつけられて「赤猪岩（赤い猪に擬せられた、焼けた大岩）」と解されるようになったのは、比較的新しい時代のことなのではないだろうか。

『古事記』が記す出雲大社のはじまり

このような調子で、出雲とその周辺地域には、『古事記』神話の伝承地を数多く見

出雲大社

出すことができるのだが、その中の盟主ともいうべきは、言うまでもなく、（旧称は杵築大社《きづきのおおやしろ》／島根県出雲市大社町杵築《きづき》東）だ。

『古事記』では、出雲大社の説話は、「オオクニヌシの国作り」神話の次に展開される、いわゆる「国譲り神話」の中に記されている。

出雲大社　正式名は「いずもおおやしろ」である

国譲り神話の梗概は次節で記すが、その筋をごく大ざっぱに言えば、「オオクニヌシが自らが整えた出雲を中心とした国土（葦原中国）を、高天原から派遣されたタケミカヅチ（建御雷神《たけみかづちのかみ》）を介してアマテラスに献上し、自身は隠退する」となる。

では、オオクニヌシはどこへ隠退したのか。

『古事記』の中で、オオクニヌシは、アマテラスの使者であるタケミカヅチにこう告げている。

「この葦原中国は、仰せの通りにすべて献上いたします。ただし、私の住み家だけは、天照大御神の御子孫が継承し、お住まいになる立派な宮殿のように、柱を太くしっかりと立て（底《そこ》つ石根《いはね》に宮柱ふとしり）、天空に高々と千木《ちぎ》をあげて（高天原に氷木《ひぎ》たかしりて）、造ってくだされば、私は僻遠の地（八十坰手《やそくまで》）である出雲に隠れておりましょう」

すると、オオクニヌシの要求が受け入れられた。

一般に、このことによって造営されたのが、出雲大社であるとされている（この箇所について、「オオクニヌシは、タケミナカタに神殿を新たに建てることを願ったのではなく、すでに建てられていた神殿を守りつづけてくれることを約束してほしいと願ったのだ」とする見解もある）。

次いでオオクニヌシは、「出雲国の多芸志《たぎし》の小浜《おばま》」に「天《あめ》の御舎《みあらか》」を造営した。

ここに登場する「天の御舎」の解釈は議論があるところで、この殿舎こそオオクニヌシの隠居所として造営されたもので、出雲大社のはじまりだとする説もみられるが、一方で、天つ神への服従儀礼を行うための施設とみる説もある。問題は「天の御舎」の意味をどう解するかである。「みあらか」は一般的には神や天皇の住居のことだが、多様な解釈が可能な言葉でもある。

出雲地誌『雲陽誌』（一七一七年）は巻之十の「神門《かんど》郡武志《たけし》」の項で、「多芸志の小浜」に造られた「天の御舎」ゆかりの神社として、タケミカヅチを祀る小濱《おばま》明神を挙げている。つまり、小濱明神を天の御舎の遺跡《ゆいせき》とする伝承があったのだ。小濱明神は明治維新後に鹿島神社と改称しているが、その鎮座地は斐伊川西岸の出雲市武志町で、出雲大社からは東に八キロほどのところである。

一方、『日本書紀』では、出雲大社は「天日隅宮《あまのひすみのみや》」とも呼ばれている。これは出雲がヤマト王権からみて日の沈む西の地にあったことから生じた呼称と考えられるが、この出雲大社の異称は、『古事記』の「八十坰（隅）手」という表現と関わりがあるようにも思われる。つまり出雲大社は、大和から見て日が昇る東の国に鎮座する、皇祖神アマテラスを祀る伊勢神宮と対置される聖地でもあったわけである。

日本海沿岸には弥生時代から高楼建造物があった

出雲大社の現在の本殿は江戸時代の延享《えんきょう》元年（一七四四）に再建されたもので、八丈（約二四メートル）の高さをもつが、社伝によれば、最古の本殿は高さが三十二丈（約九六メートル）あり、その後、半分の十六丈（約四八メートル）になったという。古代人の技術でそのような高楼建築がはたして可能であったのかといぶかる向きも多かったが、平成十二年（二〇〇〇）に現拝殿の北側から、本殿建築遺構と推定される、三本の巨大な丸太を束ねた柱（直径約三メートル）が三つも発掘されてから風向きが変わった。その柱は炭素測定法などによって鎌倉時代の十三世紀のものと推測され、高さ十六丈の高楼神殿を支えるに十分なものであったからである。

鎌倉時代をさかのぼる神殿の遺構はまだ発掘されていないが、少なくとも中世に十六丈の神殿がそびえていたことは、これによってほぼ確実となった。

また、鳥取県米子市淀江《よどえ》町の角田《すみだ》遺跡（弥生時代中期）から発掘された高さ推定一・五メートルの巨大な壺は首の周りに線描画があったことで注目されたが、復元されたその線描画を見ると、長い梯子を立てかけた高楼風の建造物の姿を確認することができる。この建造物をそのまま出雲大社につなげるわけにはいかないが、しかしこの壺絵は、出雲を含む日本海沿岸に弥生時代から高楼建造物を建てる文化があったことを示唆している。

そうすると、古代において、九六メートルもあったかどうかはともかく、相当な高楼が出雲に建っていたことは想像に難くない。その姿は、「底つ石根に宮柱ふとしり、高天原に氷木たかしりて」という神話の描写にふさわしいものであっただろう。ただし、このような詞章が神殿・宮殿に対する美称の常套句であったことにも留意すべきである。

出雲大社の社殿造営に関する史料上の確実な記録は、『日本書紀』斉明《さいめい》天皇五年（六五九）条の記事「出雲国造《くにのみやつこ》に命じて、厳かなる神宮を修造させた」が初例となる。

出雲大社の草創の歴史を詳らかにすることは難題だが、記紀の編纂作業が行われていた七世紀後半までには、出雲の地にオオクニヌシを祀る広壮な神殿がそびえ立っていたのだろう。記紀の豊かな出雲神話には、そんな神殿を仰いだ古代人の記憶が反映されているのだろう。そのことは、「大社」と言えば「出雲大社（杵築大社）」を意味するようになっていたことからも伺えるのである。

国譲り神話の深層

諏訪

——タケミナカタに映る出雲と信州の絆

『古事記』が描くオオクニヌシの国譲り

オオクニヌシ（大国主神《おおくにぬしのかみ》）による国作りが終わると、「国譲り神話」がはじまる。

〈オオクニヌシが国作りを終えて葦原《あしはら》中国《なかつくに》に君臨していた頃、高天原《たかまのはら》ではアマテラス（天照大御神《あまてらすおおみかみ》）が「豊葦原《とよあしはら》の水穂国《みずほのくに》（日本）は、我が子アメノオシホミミ（天忍穂《あめのおしほ》耳命《みみのみこと》）が統治する国だ」と訴え、アメノオシホミミに命じてその地へ天降《あまくだ》りさせた。ところが、天浮橋《あめのうきはし》の上に立ったとき、アメノオシホミミは下界がひどく騒がしいことが気になり、途中で引き返してしまった。

そこで八《や》百《お》万《よろず》の神が天安《あめのやす》の河原に集まって相談したところ、荒ぶる国《くに》つ神《かみ》を服従させるべく、アメノオシホミミの弟アメノホヒ（天菩比神《あめのほひのかみ》）を下界に派遣することにした。ところが、天降ったアメノホヒはオオクニヌシにへつらって復命しない。次にアメノワカヒコ（天若日子《あめのわかひこ》）が派遣されたが、この神もまた天降ったまま復命しない。

諏訪湖　四方を山に囲まれた諏訪盆地内に広がる

そこで次に遣わされることになったのは、雷神・刀剣の神であるタケミカヅチ（建御雷神《たけみかづちのかみ》）であった。

天降ったタケミカヅチは出雲国に降臨すると、オオクニヌシに国土を譲るように命じた。するとオオクニヌシは「我が子コトシロヌシ（言代主《ことしろぬしの》神《かみ》）がお答えします」と言い、コトシロヌシは「この国は天《あま》つ神《かみ》の御子に奉ります」と答えた。

ところが、オオクニヌシのもう一人の子タケミナカタ（建御名方神《たけみなかたのかみ》）は国譲りに反対し、タケミカヅチに刃向かう。そしてタケミカヅチとの力競べに挑むが、あっけなく敗北。出雲から逃走するが、信濃《しなの》国の諏訪《すわ》湖に追いつめられると、タケミカヅチにすっかり降参した。

タケミカヅチが出雲に戻ってくると、オオクニヌシは言った。

「葦原中国《あしはらのなかつくに》は天つ神の御子に献上します。その代わり、立派な神殿を作ってください。そうすれば、私はこの出雲にずっと隠れておりましょう」〉

神話に紛れ込んだ諏訪大社の縁起譚

この国譲り神話の中で一番のクライマックスは、天つ神の使者タケミカヅチがオオクニヌシの御子タケミナカタと激しく闘争する場面だろう。その箇所を原文に即してやや詳しく記してみたい。

〈タケミカヅチが国譲りのためにオオクニヌシの御子たちを服従させようとしていると、タケミナカタが大岩を手先で軽々とささげながらやって来て、「我が国に来て、ひそひそ話をする奴は誰だ。いざ力競べをしよう」と言い、タケミカヅチの手をつかもうとした。

ところがタケミカヅチは、そのつかまれた手を氷柱に変じさせ、かと思うと剣の刃に変えた。

タケミナカタがこれに驚き恐れて手を引っ込めると、今度はタケミカヅチがタケミナカタの手をつかんだ。そして若草をむしり取るようにして腕を取り、投げ飛ばす。タケミナカタは逃げ出すが、タケミカヅチは追いかけ、ついに信濃国の諏訪湖で追いついた。そして殺そうとすると、タケミナカタがこう誓って降参した。

「おそれ多いことです。どうか私を殺さないでください。これからはこの土地に留まって、他のところへは行きません（ここを除《お》きては、他処《あたしところ》に行かじ）」

このタケミカヅチ対タケミナカタの闘争譚は『日本書紀』にはなく、『古事記』だけにみえるもので、一般に、長野県の諏訪湖畔に鎮座してタケミナカタを祀る古社、**諏訪大社**の縁起譚・創祀説話として解されている。ミナカタは水潟の意で、諏訪湖のことをさしていると言われる。

おそらく『古事記』神話の読者の多くはここで、「出雲を舞台とした神話の中に、なぜ突如として、信州の諏訪が出てくるのか」という疑問を抱くのではないだろうか。神話とはいえ、出雲からはるか彼方にある信州まで神が一足飛びに逃げるという展開はひどく唐突に映り、「この話は本来の国譲り神話にはなかったのだが、何らかの事情があって無理に挿入されたのだろうか」というような推測すら催させる。事実、仮にこの闘争譚を欠いても、『日本書紀』が示すように、国譲り神話は充分成立しうるのである。

要するにこれは、「出雲神話の中に突然、諏訪が登場してくることは何を意味しているのか」という問題である。

この問題を考える前に、まず諏訪大社の歴史をたどっておきたい。

四宮に分かれてタケミナカタを祀る諏訪大社

諏訪大社は諏訪湖を間に置いて南北に分かれていて、さらに南の**上社**《かみしゃ》は**本宮**《ほんみや》（長野県諏訪市中洲宮山《なかすみやヤま》）と**前宮**《まえみや》（茅野《ちの》市宮川）に、北の**下社**《しもしゃ》は**春宮**《はるみや》と**秋宮**《あきみや》（ともに諏訪郡下諏訪町）に分かれている。祭神は上社がタケミナカタと妃神のヤサカトメ（八坂刀売《やさかとめ》神《かみ》）で、下社はこの二神に加えてコトシロヌシを祀っている。

創建がいつなのか、上社・下社のどちらが先に成立したのか、といったことについては諸説ある。先に『古事記』の国譲り神話が縁起説話になっていると述べたが、しかし『古事記』原文には諏訪大社のことが明示されているわけではなく、あくまでタ

諏訪大社・上社本宮　本殿を持たない独特の様式である

ケミナカタが諏訪に入ったことが示されているにすぎない。

諏訪大社の史料上の初出は、『日本書紀』持統《じとう》天皇五年（六九二）八月条の「勅使を贈り、信濃の須《す》波《わ》の神を祀らせた」という記事とされる。「信濃の須波」が諏訪大社のこととみられるからだが、しかしタケミナカタの名はここには見えない。

『延喜式神名帳《えんぎしきじんみょうちょう》』（十世紀前半成立）には信濃国諏訪郡の大社として「南方刀美《みなかたとみ》神社　二座」が挙げられているが、ミナカタトミはタケミナカタのことで、「二座」とは諏訪大社の上社と下社をさしているとみられている。

御柱祭に秘められた国譲り神話の痕跡

諏訪大社は神官一族が強い権威をもったことでも知られる。

上社はタケミナカタの神裔と伝わる神氏《じん(みわ)》（諏訪氏とも）が神官のトップである大《おお》祝《ほうり》というカリスマ的な地位を継承し、その補佐役である神《じん》長官を諏訪土着の洩矢神《もれやのかみ》の後裔と伝わる守矢《もりや》氏が務めた。上社の南西には守屋山《もりやさん》（標高一六五〇メートル）があり、上社の神体山とされているが、古くから守矢氏の信仰の対象だったのだろう。

一方、下社の大祝は神武《じんむ》天皇の皇子カムヤイミミ（神八井耳命《かむやいみみのみこと》）の末裔と伝わる金刺《かなざし》氏が務めた。

これらの系譜はあくまで伝承上のものではあるが、上社では表向きは、外来神（出雲から来たタケミナカタ）系の一族が君臨し、それに土着神系の一族が仕える、という構造を内包してきたことになる。

ところで、諏訪大社と言えば、七年目ごとに行われる御柱祭《おんばしらさい》が有名である。これは、山からモミの大木を合計十六本切り出して曳行《えいこう》し、上社の本宮・前宮、下社の春宮・秋宮、合計四宮の四隅にそれぞれ御神木として立てるという、見ようによってはきわめてシンプルな祭りである。

この奇祭の意味についてはさまざまに論じられているが、一説に、神社の四隅に神木を立てることで結界をつくり、祭神をその中に閉じ込めることが本義であるという

（建築学者三浦正幸氏の所説）。つまり、諏訪に逃げたタケミナカタが「ここを除きては、他処に行かじ」とタケミカヅチに誓って降参したという神話が背景になっているという見方である。

諏訪の伝承では勝者として語られたタケミナカタ

次に、諏訪大社側では主祭神タケミナカタの鎮座由来がどのように伝えられているかを見てみたい。

諏訪大社側に伝来する、その由来について記した最古のまとまった史料とされるのは、鎌倉時代中期の宝治《ほうじ》三年（一二四九）に書かれたという『諏訪重信《しげのぶ》解状《げじょう》』である。これは上社の大祝であった諏訪重信が鎌倉幕府に提出した上申書だが、この中の「守《もり》屋《や》山麓《さんろく》垂迹《すいじゃく》事《のこと》」という項に諏訪社（上社）の由来が書かれている。その概略は次のようになる。

「この地は元来は守屋大臣《もりやのおおおみ》（洩矢神）の所領だったが、そこに大神（諏訪明神、タケミナカタ）が天降りしようとした。守屋大臣はこれを防ごうとしたため、大神と争いになったが、大神が勝利し、守屋大臣を追罰し、上社を居所に定めた」

ここには、タケミナカタが、『古事記』が記すような出雲から追われてきた敗残の神であることは何ら示されておらず、先住の神である洩矢神と戦ってこれを屈服させた、勝利者として描かれている。

『諏訪重信解状』は偽書の可能性も指摘されているが、延文《えんぶん》元年（一三五六）成立の諏訪大社縁起『諏方《すわ》大明神《だいみょうじん》画詞《えことば》』にも、これに似た伝承が書かれている。

タケミナカタを勝利者として描くこのような諏訪の伝承は、『古事記』の国譲り神話では惨めな敗北者として貶められていることに同情して作られた、諏訪の人びとの判官《はんがん》贔屓《びいき》の所産である可能性ももちろんあろう。しかし、タケミナカタが諏訪土着の神ではなく、外来の神であるとしている点においては、『古事記』と共通する。

そうすると、往古諏訪の地を舞台として、土着の神を奉じる勢力とヤマト王権につながる勢力との抗争が実際にあり、その史実を神話的に物語ろうとしたのが、『古事記』の国譲り神話におけるタケミナカタとタケミカヅチの格闘譚なのではないのか、という見方が成り立つ。

つまり、国譲り神話の原型はじつは諏訪の風土的伝承であって、それを宮廷神話に採り入れて内容を拡充し、諏訪にとっては本来外来神であったタケミナカタの地位を逆転させて諏訪側の神とし、タケミナカタの本来の役回りを天つ神タケミカヅチに移行させたのが『古事記』の国譲り神話であった、諏訪湖が唐突に登場するのはこの話が本来は諏訪の風土伝承であったことの痕跡ではないのか――という見方である。

信州に残された古代出雲人の足跡

その一方で、次のような見方もある。

『古事記』の国譲り神話でタケミナカタが出雲から信濃の諏訪へ逃走するくだりは、かつて出雲から日本海を渡って信濃へ移住した一団があったことを物語っているのではないのか、と。

出雲という地名や出雲と称する神社が日本列島各地にあることは比較的よく知られているが、社会学者の岡本雅享《まさたか》氏は、このことは出雲を原郷とした人びと、あるいは出雲を経由した人びとによる移住の足跡ではないかと指摘する（『出雲を原郷とする人たち』）。

そしてまた信州においても、古代出雲人の足跡をくっきりと見出すことができるのである。

たとえば、長野市豊野《とよの》町に鎮座する**伊豆毛《いずも》神社**は『延喜式神名帳』に記載のある神社で（信濃国水内《みのち》郡）、オオナムチ（オオクニヌシ）を祀る。創祀年代は明らかではないが、古くは出雲大明神あるいは出雲宮と呼ばれていたという。『神名帳』には「出雲」の名がつく神社が出雲国以外に七カ国合計九社記載されているが、そのうちの一つである。

また新潟県直江津から二〇キロほど南下した、北国《ほっこく》街道と飯山《いいやま》街道の分岐点あたりにかつて小出雲《おいずも》村があり、現在も地名が残っている（妙高市小出雲）。岡本氏は、この小出雲と伊豆毛神社を結ぶ道が、上越に上陸した出雲の人びとが千曲《ちくま》川《がわ》下流域へ向かう際に用いる古代の主要ルートだったのではないかと指摘している。

そして、このルートを伊豆毛神社よりもさらに千曲川沿いに南下したあたりには、式内大社の**生島足島《いくしまたるしま》神社**（上田市下之郷《しものごう》中池西）が鎮座しているのだが、この神社には興味深い伝承がある。

「神代の昔、出雲からタケミナカタがやって来てしばらく留まり、生島・足島の大神に奉仕した。そして冬を越すとふたたび旅立ち、諏訪の地をめざした」

生島足島神社では古来十一月から四月にかけて、「御籠祭《おこもりさい》」という秘祭が行われている。これは境内の諏訪社（下宮）に祀られているタケミナカタを、五〇メートルほど南にある本社（上宮）に遷して奉仕する神事で、タケミナカタが生島足島神社の地に留まった故事を伝えるものと言われている。

生島足島神社　内殿には床板がなく大地そのものが御神体である

生島足島神社に出雲から来たタケミナカタが留まったというのはあくまで伝承にすぎないが、ひょっとするとそこには、太古、新開地を求めて日本海を渡り、信州にまでたどり着いた出雲の人びとの歴史が寓意されているのではないだろうか。

タケミナカタが出雲を遂われて諏訪にまで逃げたという『古事記』の国譲り神話に対しても、こうした文脈のもとに読み解く試みが必要だろう。

神々の里

高千穂と日向

——神話と歴史が紡ぐ天孫降臨の聖地

高天原から高千穂へ天降ったニニギ

オオクニヌシ（大国主神《おおくにぬしのかみ》）の国譲りが終わると、次はいよいよアマテラス（天照《あまてらす》大御神《おおみかみ》）の孫ニニギ（邇邇芸命《ににぎのみこと》）の天降《あまくだ》り、すなわち天孫降臨の神話が展開する。

〈タケミカヅチ（建御雷神《たけみかづちのかみ》）が高天原に昇って葦原中国《あしはらのなかつくに》を平定したことを復命すると、アマテラスとタカミムスヒ（高御産巣日神《たかみむすひのかみ》）はアマテラスの子アメノオシホミミ（天忍穂耳命《あめのおしほみみのみこと》）に「葦原中国に降って統治しなさい」と命じた。

ところが、天降りの身支度をしているあいだにアメノオシホミミに御子ニニギが生まれたので、アメノオシホミミは「この子を降すのがよいのではないでしょうか」と述べた。そこで、アマテラスとタカミムスヒはニニギにこう告げる。

「豊葦原《とよあしはら》の水穂国《みずほのくに》はおまえが統治する国である。よって、我々の命令の通りに天降りしなさい」

『古事記』における神々の系譜②

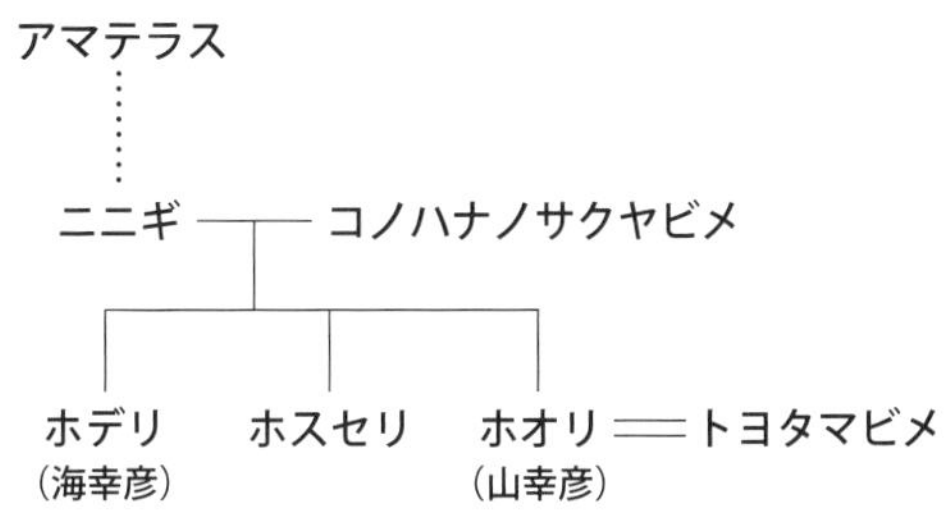

……波線は先祖・子孫

ところが、ニニギが天降りしようとすると、天上界の道の分岐点に光り輝く神の姿が見える。そこでアマテラスとタカミムスヒはアメノウズメ（天宇受売神《あめのうずめのかみ》）にそこへ行かせ、何者か問わせた。するとその神はアメノウズメにこう答えた。

「私は国《くに》つ神《かみ》、サルタヒコ（猿田毘古神《さるたびこのかみ》）だ。天《あま》つ神の御子が天降りなさると聞いたので、ご先導しようと思って参ったのだ」

このようなことをへて、ニニギはアメノコヤネ（天児屋命《あめのこやねのみこと》）、フトダマ（布刀玉命《ふとだまのみこと》）、アメノウズメ、イシコリドメ（伊斯許理度売命《いしこりどめのみこと》）、タマノヤ（玉祖命《たまのやのみこと》）からなる五伴緒《いつのとものお》（五部神）を従えて天降りをはじめた。

このとき、アマテラスは八尺《やさか》の勾玉《まがたま》、鏡、草薙剣《くさなぎのつるぎ》をニニギに授けて「この鏡を私の御魂《みたま》とし、私を祀るように祭祀に奉仕しなさい」と命じた。

そしていよいよニニギは天《あめ》の磐座《いわくら》を離れ、たなびく天の雲を押し分けて、竺紫《つくし》の日《ひ》向《むか》の高千穂《たかちほ》のクジフル岳《たけ》に降臨する。このとき、ニニギはこう言って宮殿を建てた。

「この地は朝鮮に向かい、笠沙《かさき》の岬（野間岬）にまっすぐ通じていて、朝日がよくあたり、夕日が照り輝く国だ（朝日の直刺《ただき》す国、夕日の日照《ひで》る国ぞ）。だから、じつによいところだ」

そしてアメノウズメに、「サルタヒコをもとの鎮座地に送り、この神の名前を受け継いで仕えなさい」と命じた。アメノウズメの子孫が猿女君《さるめのきみ》と称するのはこのためである〉

宮崎県北部の高千穂町に残る天孫降臨の古跡

高天原に生まれた天孫ニニギは、アマテラスから授けられた三種の神器《じんぎ》を奉持し、伴を従えて、いよいよ葦原中国、すなわち地上世界に降臨したのだが、その場所は、

『古事記』によれば、「竺紫の日向の高千穂のクジフル岳」であったという。

この天孫降臨地の具体的な場所はどこなのか、とくに「高千穂」とは現実のどの土地にあたるのかという問題をめぐっては、昔から決着しがたい議論がある。有力な伝承地として、宮崎県北部の**西臼杵《にしうすき》郡高千穂町**と、宮崎県と鹿児島県の境に連なる**霧島山の高千穂峰《たかちほのみね》**の二つがあり、中世以来、天孫降臨の聖地をめぐって本家争いが繰り広げられてきたからである。

高千穂神社　神楽殿では天岩戸に関係した夜神楽が催される

まず前者の高千穂町についてみてみよう。

高千穂町は九州山地の山あいの五ヶ瀬川《ごかせがわ》上流域に位置し、地図で見るといかにも山奥の秘境という感じがするが、地形が盆地状になっているので、実際に訪れると不思議と高地にいる感覚がなく、田園の多いのどかな山里といった雰囲気である。この一帯に、柱状節理の断崖が幽邃な神話的景観をみせる峡谷、**高千穂峡**があり、天孫降臨の

高千穂峡　火山活動でできた柱状節理の懸崖である

古跡と伝えられてニニギを祀る**高千穂神社**（高千穂町三田井《みたい》）や**槵触《くしふる》神社**（高千穂町三田井）、天石屋《あめのいわや》神話ゆかりの**天岩戸《あまのいわと》神社**（高千穂町岩戸）などの古社が点在する。

　神話が伝える高千穂の霊山「クジフル岳」の名を冠した槵触神社は、ニニギが三種の神器を奉戴して天降った聖地と伝えられる槵触峰の中腹に鎮座していて、古くはこの山そのものを御神体としていた。クジフルの意は「奇し振る」「奇《くしぶ》る」で、「霊妙な力がある」というようなニュアンスに解するのが通説だが、朝鮮神話に出てくる加羅《から》国首露王の降臨地「亀旨峰《クジポン》」との類似に注目し、日本神話と朝鮮神話の影響関係を指摘する説もある。興味深いところである。

高千穂神社も槵触神社も創祀の年代ははっきりしないが、『続日本後紀《しょくにほんこうき》』の承和《じょうわ》十年（八四三）九月条にある「日向国《ひゅうが》臼杵郡の無位高智保皇神《たかちほのすめがみ》に従五位下《じゅごいげ》を奉る」の記事、『日本三代実録』天安二年（八五八）十月条の「日向国従五位下高智保神に従四位上を奉る」の記事は、ともに高千穂神社もしくは槵触神社のことを指しているとみられている。つまり、少なくとも二社のうちいずれかは、平安時代前期にはすでに存在していた可能性が高い。

また高千穂町と五ヶ瀬町の境にそびえる、男嶽と女嶽の二峰からなる二上山《ふたがみさん》も天孫降臨の伝承地となっている。これは、後述するように、『日本書紀』には降臨地を高千穂の「二上峰《ふたかみのたけ》」とする伝えもあることが関係している。

火山霧島への信仰を基盤とする霧島神宮

一方の霧島説はどうだろうか。

霧島山（霧島連山、霧島連峰）は宮崎・鹿児島両県にまたがる活火山群の総称だが、その東端にそびえるのが標高一五七四メートルの**高千穂峰**だ。山頂には、天降ったニニギが立てたものとも、イザナキ・イザナミの二神が国生みの際に立てたものとも伝

高千穂峰　頂上より桜島方面を望む風景

えられる、天逆鉾《あまのさかほこ》が屹立している（後者の伝承では天逆鉾は天沼矛《あめのぬぼこ》と同一視されていることになる）。尖頭円錐形で左右均衡の山容をもち、晴天の日には頂上から南九州全体を三六〇度の視界で見渡すことができる。その雄大な眺望はまさに天孫降臨の地にふさわしい。

天逆鉾が現実にいつから高千穂峰の頂上に建っていたのかは諸説あってはっきりしない。また過去の噴火の影響でオリジナルは破損や行方不明に遭ったらしく、現在の青銅製の逆鉾はレプリカにあたるともいう。

この霊峰の南西麓に鎮座しているのが、ニニギを祀る**霧島神宮**（鹿児島県霧島市霧島田口）である。

社伝によれば創建は欽明《きんめい》天皇の代（六世紀）で、当初は高千穂峰頂上直下付近の脊《せ》門《とお》丘と呼ばれる場所に鎮座していたが、火山の噴火で焼失したため、天暦《てんりゃく》年間（九四七〜九五七年）に天台宗僧侶の性空《しょうくう》により西麓の高千穂河原に場所を遷して再興された。しかしその後も噴火の災禍に遭ったため、文明十六年（一四八四）に高千穂河原から南西に下った現在地に再建されたという。現在の社殿は正徳五年（一七一五）に薩摩藩主島津吉貴《よしたか》の寄進によって再建されたものだ。

だが、古代の歴史については不明の点も

天逆鉾　霧島東神社の社宝であり、「日本三奇」の1つとされる

霧島神宮・本殿　霧島連山の雄大な自然に囲まれている

霧島神宮古宮址　高千穂河原にあり、霧島神宮の飛地境内である

多い。『延喜式神名帳《えんぎしきじんみょうちょう》』（十世紀前半成立）の日向国諸県《もろがた》郡の項に記載されている「霧嶋神社」をこの霧島神宮にあてる見解もあるが、現社地は明らかに日向国（宮崎県）ではなく大隅《おおすみ》国（鹿児島県東部）である。こうしたこともあって、日向国の式内社である霧嶋神社には、霧島山の周辺にある**霧島岑《みね》神社**（宮崎県小林市細野）、**東《つま》霧島神社**（都城《みやこのじょう》市高崎町東霧島）、**霧島東《ひがし》神社**（西諸県《にしもろかた》郡高原《たかはる》町祓川《はらいがわ》）も候補にあがっている。

このように式内社霧嶋神社の特定が困難なのは、噴火の災禍で神社が焼失や移転を繰り返し歴史が錯綜してしまったことが大きく影響していると考えられる。ここに挙げた各社がそれぞれに式内社の系譜を受け継いでいる可能性もあり、今後の調査研究がまたれる。

いずれにしても重要なのは、これら各社が活火山霧島への信仰を基盤として成立、発展してきたことである。火山の活動を神の怒りととらえた人びとは、それを鎮めるべく山の周辺各所に拝所をもうけ、それらがやがて神社へと発展していったのではないだろうか。

また、中世から近世にかけては霧島山が山岳修験の道場として隆盛し、霧島神宮を含む周辺各社が霧島六所権現《ごんげん》と総称されて、神仏習合の形態を濃くとっていたことも見落としてはならない。霧島神宮は、神仏習合時代は正式には「西御《にしご》在所《ざいしょ》霧島六所権現社」と称していた。

細石神社　古くは「佐々禮石神社」と表記されていた

霧島神宮が霧島信仰を支える重要な神社であることは間違いないが、現在のような大社になったのは、明治維新以降、薩摩藩出身の官僚が多い明治政府の後押しを受けた影響が大きいとも言われている。

高千穂町説・霧島山説以外の説もひとつ挙げておこう。

福岡県糸島《いとしま》市三雲《みくも》の**細石神社**《さざれいし》付近を高千穂の故

地に比定する説がある。細石神社はニニギの妃であるコノハナノサクヤビメ（木花之《このはなの》佐久夜毘売《さくやびめ》）を祀っているが、この神社の東に高祖山《たかすやま》という山があり（標高四一六メートル）、二つある頂部の一つ（南側）をクジフル山と呼び、その南には「日向峠《ひなた》」があるからである。そこは『魏志』「倭人伝」に書かれている「伊都国《いとこく》」の中心地と目される場所で、この辺りからは、剣・鏡・玉が副葬された弥生時代の王墓がいくつも出土している。

記紀の天孫降臨地の表記にはバラツキがある

宮崎県北部の高千穂町説、霧島の高千穂峰説、いずれも甲乙つけがたい面があり、本居宣長などは『古事記伝』のなかで、ニニギはまず臼杵（宮崎県北部）の高千穂に降臨し、次に霧島の高千穂に遷ったという、いわば折衷説をとなえている（十七之巻）。

このように天孫降臨の聖地としての「高千穂」の場所を特定しがたいことのそもそもの原因は、次に示すように、『古事記』と『日本書紀』にみえるニニギ降臨地の記述にバラツキがあって、多様な解釈を許容していることにある。

①竺紫の日向《ひむか》の高千穂のクジフル岳（『古事記』）
②日向の襲《そ》の高千穂峰（『日本書紀』本文）
③筑紫の日向の高千穂の槵触峰《くしふるのたけ》（『日本書紀』一書《あるふみ》第一）
④日向の槵日《くしひ》の高千穂峰《たかちほのたけ》（『日本書紀』一書第二）
⑤日向の襲の高千穂の槵日の二上峰《ふたかみのたけ》（『日本書紀』一書第四）
⑥日向の襲の高千穂の添山峰《そほりのやまのたけ》（『日本書紀』一書第六）

①の「竺紫」、③の「筑紫」は筑前・筑後をあわせた現在の福岡県のことではなく、九州全体の古称とみるのが通説である。

問題は①〜⑥に共通する「日向」である。日向といえば現在は「ひゅうが」と発音するのが普通で、ほぼ現在の宮崎県にあたる地域の旧国名ととるのが一般的だろう。すると、宮崎県・鹿児島県の県境に位置する霧島よりは、完全に宮崎県内に位置する高千穂町の方が、「高千穂」の現実の場所にふさわしいように思えるだろう。

ところが、古代には日向は「ひむか」と読まれ、その範囲は現在の宮崎県だけではなく、鹿児島県全体にまで及んでいた。そこから、まず和銅二年（七〇九）までに鹿児島県東部地域が独立して薩摩国となり、さらに同六年（七一三）には鹿児島県西部地域が独立して大隅国となったのである。つまり八世紀初頭まで、広義の「日向」は、宮崎・鹿児島両県にわたっていた。

高千穂比定地

各国が分立された時代はおおむね記紀が編纂されていた時期にあたる。したがって、記紀が記す「日向」とは、宮崎県だけでなく鹿児島県をも含んでいる可能性があり、そうなると霧島説も捨てがたいということになってくる。しかも、②⑤⑥にみえる「襲」は大隅国に属した「贈《そ》於《お》郡」の古名とみられており、そこは現在の鹿児島県曽於市や霧島市を中心とした一帯であり、霧島山もここに含まれる。

　こうなると、霧島説が俄然有利ということになるが、そう簡単にはいかない。たとえば、⑤の「二上峰」にあたる山は、前述したように高千穂町にはあるが、霧島山には見あたらない。また⑥の「添山峰」については、大分と宮崎の境にある祖母《そぼ》山《さん》のこととする説もあるが、「都城」を意味する朝鮮語のソホリと解する説も古くからあって、高千穂の場所の特定をめぐる混乱にますます拍車をかけている。

　さらに霧島説への有力な反証となるのは、『日向国風土記《ふどき》』逸文《いつぶん》（『釈日本紀《しゃくにほんぎ》』所引）だ。同書にはニニギの降臨伝承が「日向国臼杵郡知鋪《ちほ》郷」の項に記述されているからである。「知鋪」はタカチホの略と考えられていて、知鋪郷は現在の高千穂町一帯に比定されている。つまり、『日向国風土記』を踏まえれば、天孫降臨地は霧島でなく、宮崎県北部（臼杵郡）の高千穂町ということになる。

神話的地名としての「日向の高千穂」

　しかし、逆説的めくが、神話にゆかりのある地名には、その神話が流布するようになってから、つまりのちの時代になって付会して作られたものも少なくない。

前述の「知鋪郷」の場合も、当初は降臨神話とは何ら関係がなかったが、元々あった地名であるチホ（知鋪）が高千穂に付会されて神話の原郷として喧伝されるようになった、というケースが考えられなくもない。

霧島山の高千穂峰についても、古来一貫してそう呼ばれていたのか、という根本的な問題がある。現在「高千穂峰」と呼ばれている霧島山中の東端の峰は、江戸時代後期編纂の地誌『三国《さんごく》名勝図会《ずえ》』では「霧島嶽」または「(霧島嶽の)矛峰《ほこのみね》」と呼ばれている（巻之五十八）。後者の呼称は山頂の逆鉾に由来しているのだろう。また、近世までは「霧島山」と言えば、狭義では現在の高千穂峰のことを指していたらしいふしもある。『三国名勝図会』では「高千穂とは、此峯《このみね》(現在の高千穂峰のこと)上古の総称なり、後世霧島山と通称す」と説明されているのだが（巻之三十三）、推察するに事実は逆で、「霧島山」が古来の称であり、後世、記紀の天孫降臨神話と結びつけられるようになったために、霧島山（より正確には霧島山の主峰）が「高千穂峰」と呼ばれるようになったのではないだろうか。

そもそも「高千穂」の語については、「高く秀でた山」とか「豊かな稲穂の山」といった意味の普通名詞として解すべきだという意見もある。

先に触れた『日向国風土記』逸文の天孫降臨伝承に、天降ったニニギは稲の籾《もみ》をたくさんまき散らしたとあるのは、高千穂神話が稲作の起源説話としての性格も有していた可能性を示している。ニニギのフルネームは「天邇岐志国邇岐志天津日高日子番能邇邇芸命《あめにきしくににきしあまつひこひこほのににぎのみこと》」と言うが、ホノニニギは豊かにみのる稲穂のことを言い表していると解される。つまり、ニニギとは稲が豊かにみのったことの神格化とも言えよう。

また、「日向」も、特定の地名ではなく、「太陽に向かう光明の地」、つまり「朝日の直刺す国、夕日の日照る国」という意味の神話的地名として解することもできよう。『古事記』を編纂した当時の宮廷の人びとにとって、「日向の高千穂」とは、行ったことのない、都から遠く離れた南九州という僻遠の地というイメージを含んだ神話的な地名であり、太陽神の子孫が水穂の国の大王となるべく天降る地にふさわしい響きをもつ言葉だったのだろう。

ともあれ、機会があれば宮崎北部の高千穂町と宮崎・鹿児島県境の霧島山の双方を訪ねることをおすすめしたい。奥深い神韻《しんいん》を醸す二つの景観を直に目にすれば、「日向の高千穂」をめぐる本家争いがなぜ決着せずに延々と続いているのかが、よく理解できるはずである。

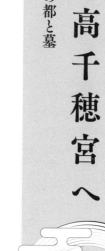

日向神話の真実
海宮から高千穂宮へ
——南九州に眠る神々の都と墓

宮崎に実在するニニギとコノハナノサクヤビメの墓

承前で『古事記』のあらすじを追いながら、伝承地を紹介してみよう。

高天原から高千穂に降臨したニニギ（邇邇芸命《ににぎのみこと》）は、笠沙《かささ》の岬で美しい乙女コノハナノサクヤビメ（木花之佐久夜毘売《このはなのさくやびめ》）と出会う。「笠沙の岬」は鹿児島県南さつま市西北部（旧川辺《かわべ》郡笠沙町）の**野間岬**のこととする説がある。東シナ海に突き出た、薩摩半島の西端である。

南九州に居住する人びとは古代には隼人《はやと》と呼ばれ、敏捷・勇敢なことで知られた。野間岬を含む薩摩半島は古くは阿多《あた》（吾田）呼ばれ、阿多隼人と呼ばれる有力な隼人集団の本拠地だった。薩摩半島自体が吾田半島と呼ばれることもあったという。

コノハナノサクヤビメは、『古事記』によれば、別名をカムアタツヒメ（神阿多都《かむあたつ》比売《ひめ》）と言ったが、この女神は阿多隼人たちが奉じた神か、あるいは、邪馬台国《やまたいこく》の卑《ひ》弥呼《みこ》のような、彼らが奉戴した巫女的女王を原像としているのかもしれない。

都萬神社　社名は「妻萬」とする説もあり、地元では「さいまん」が転訛した「おせんさま」の呼称が残る

さて、コノハナノサクヤビメはニニギと出会うと一夜で身籠った。ところが、一夜をともにしただけだったので、ニニギは「本当は私の子ではあるまい。国つ神の子だろう」と疑う。そこでコノハナノサクヤビメは「身籠った子が天つ神の御子なら、火の中でも無事に生まれましょう」と誓い、自ら火をつけた産屋《うぶや》の中に入って、三柱の御子を生んだ。

このドラマチックな出産にゆかりの地として有名な場所は、薩摩半島ではなく、そこか

無戸室跡　出産のため火をつけたことから、地元では「火柱殿」と呼ばれる

ら霧島山を南に越えた九州の東側にある。宮崎県西都《さいと》市妻に鎮座する**都萬《つま》神社**がそれである。コノハナノサクヤビメを祀る式内社・日向国二之宮で、都萬は古くは妻万・妻とも表記された。ツマとは、ニニギの妃としてのコノハナノサクヤビメのことを意味しているのだろう。

境内にはクスの大木が多く、なかでもひときわ目立つのは樹齢千二百年のクスで、「妻のクス」と呼ばれ、国指定の天然記念物となっている。

神社の周辺には、ニニギとコノハナノサクヤビメが新婚の一夜を過ごした八尋殿《やひろでん》、コノハナノサクヤビメが御子を生んだ産屋である無戸室《うつむろ》などの跡地（伝承地）もある。

神社西方には三百基を超える大小の古墳が広範囲にわたって点在する**西都原《さいとばる》古墳群**（特別史跡公園）があるが、その中の男狭穂塚《おさほづか》（国内最大級の帆立貝型《ほたてがいがた》古墳）はニニギの、これに並ぶ女狭穂塚《めさほづか》（九州地方最大の前方後円墳）はコノハナノサクヤビメの御陵と伝えられ、宮内庁の陵墓参考地になっている。

宮崎に点在する海幸・山幸神話の伝承地

ニニギとコノハナノサクヤビメの間に生まれたのは、ホデリ（火照命《ほでりのみこと》）、ホスセリ（火須勢理命《ほすせりのみこと》）、ホオリ（火遠理命《ほおりのみこと》。別名は日子穂々手見命《ひこほほでみのみこと》）の三柱である。このうち、長男ホデリは海の漁を生業《なりわい》としたので海幸彦《うみさちびこ》、三男ホオリは山の猟を生業としたので山幸彦《やまさちびこ》と呼ばれ、この二神を中心に、よく知られている海幸・山幸の物語が展開する。

それは、大ざっぱに言えばこんな筋書きだ。

「兄ホデリと道具を交換して釣りをしていたホオリが、海になくした釣り針を探し出すため、潮流を司る神シオツチ（塩椎神《しおつちのかみ》）に導かれて海神《わたつみ／わたのかみ》の宮殿（海宮《わたつみのみや》）に行き、海神の娘トヨタマビメ（豊玉毘売《とよたまびめ》）と出会って結ばれる。その後ホオリは海宮に三年間滞在するが、なくしていた釣り針を手にすると陸に帰還し、海神から授かった塩盈珠《しおみつたま》と塩乾珠《しおふるたま》という呪具を用いて兄ホデリを服従させる」

この海幸・山幸神話にまつわる伝承地は南九州に豊富に点在している。

青島　砂州によって陸繋島になりつつある周囲1.5キロの島

日向灘《ひゅうがなだ》に面する宮崎市熊野の木《き》花《ばな》神社はコノハナノサクヤビメが御子たちを生んだ地とも伝えられ、この女神を祭神としているが、この付近はホデリ・ホオリ兄弟の遊び場であったともいう。

木花神社から南東へ五キロほど行ったところの、日南海岸沖には**青島**（宮崎市青島）が浮かんでいる。この島は海宮から帰還したホオリが上陸して住んだ場所と伝えられ、島の中央には、ホオリ、その妻トヨタマビメ、ホオリを海宮に導いたシオツチを祀る**青島神社**が鎮座する。平坦な小島で、橋が架かる以前は、岸と陸続きになるのは干潮時のみであった。島の周囲には縞模様のある岩が波状に連なる奇観が広がり、「鬼の洗濯岩」と呼ばれている。

宮崎の伝承では、ホオリとの争いに敗れたホデリは磐船《いわふね》に乗って南に逃れ、満潮に乗って潮嶽《うしおだけ》に流れ着いたことになっている。青島から南西一五キロほどの内陸部に鎮座する**潮嶽神社**（日南市北郷町《きたごうちょう》）はその旧跡と伝えられ、ホデリを祀る。敗者のホデリを祭神とする神社は全国でもここだけだと言い、この地方では神話にちなんで、縫い針の貸し借りがタブーになっているという。また、神社の例大祭で奉納される潮嶽神楽も有名である。

ウカヤフキアエズを祀る鵜戸神宮の伝承と墓

『古事記』によると、ホオリの妻ですでに子を孕んでいたトヨタマビメは、夫を追って陸を訪ね、海辺に鵜《う》の羽を用いて産屋を建て、御子ウカヤフキアエズ（鵜葺草葺不合命《うかやふきあえずのみこと》）を生む。だがこのとき、ホオリは覗いてはならない産屋の中を覗き、トヨタマビメが巨大な鮫の姿で出産しているのを見てしまう。すると、これを恥じたトヨタマビメは海に帰ってしまった。

ウカヤフキアエズの誕生地と伝えられているのは、宮崎県日南市宮浦の**鵜戸神宮**《うど》である。崖上の長い参道を日向灘や連なる奇岩を見下ろしながら降りてゆくと、本殿の建つ大洞窟に至るが、トヨタマビメが御子を生んだ産屋はここだと伝えられている。

鵜戸神宮　境内地を含む付近の海岸は海食洞や波食棚が多い

大洞窟前の海辺には「亀石」と呼ばれる巨岩があり、次のような話が伝えられている。
「トヨタマビメは出産のために海宮からやって来たとき、大きな亀に乗ってきた。亀はトヨタマビメを降ろすと海辺で待っていたが、夫にお産の姿を覗き見られたことを恥じてヒメが早々に海に帰ってしまったことに気づかなかった。いつまでもヒメが来るのを待ちつづけているうち、いつしか亀は大きな石と化してしまった」

　鵜戸神宮はウカヤフキアエズを主祭神とし、社伝によれば、崇神《すじん》天皇の時代に創祀され、桓武《かんむ》天皇の延暦年間（七八二〜八〇六年）に社殿を再興した。このとき寺院・僧堂も備えて「鵜戸山大権現《ごんげん》吾《ご》平山《へざん》仁王《におう》護国寺《ごこくじ》」という勅号を賜わったという。中世・近世には神仏習合の霊場として栄え、鵜戸神宮と改称したのは明治七年（一八七四）のこ

鹿児島神宮　桜島を眺めるように小高い丘に鎮座する

とである。本殿西方の鵜戸山（吾平山《あひら》）山頂はウカヤフキアエズの御陵（吾平山上陵《あひらのやまのえのみささぎ》）と伝えられ、宮内庁の陵墓参考地となっている。

さて、もう一度話を『古事記』に戻すと、妻と別れたホオリは、高千穂に宮を営んでそこに五百八十年間も住み、亡くなると高千穂山の西に葬られたという。

ホオリの高千穂宮については、高千穂を宮崎県北部とする説では**高千穂神社**をその旧跡とするが、霧島山説では鹿児島湾に流れ込む天降川《あもりがわ》を望む丘陵上に鎮座する式内社《しきないしゃ》**鹿児島神宮**（鹿児島県霧島市隼人町）に比定する。鹿児島神宮は、社伝にもとづけば、神武《じんむ》天皇が東征に先立って高千穂宮の地に創祀したのが起源で、当初は現在地から北東に三〇〇メートルほどの地にある石体宮《しゃくたいぐう》付近に鎮座していたが、和銅元年（七〇八）に現社地に遷祀されたという。この辺りは律令《りつりょう》制下では大隅国《おおすみ》の中心地だったところで、国府や国分寺の跡地にも近い。

ホオリの御陵は『日本書紀』では「日向の高屋山上陵《たかやのやまのえのみささぎ》」と記され、平安時代には朝廷祭祀の対象になっていた。しかし正確な場所が不明だったせいか、『延喜式』「諸陵寮《しょりょうりょう》」にもとづけば、祭事そのものは京都の文徳《もんとく》天皇陵（田邑《たむら》陵／京都市右京区太秦《うずまさ》）の一角で行われていたらしい。南九州を遙拝するようなかたちをとっていたのだろう。

しかし、江戸時代後期からは薩摩の国学者らによって場所の調査・研究が行われるようになり、明治維新後には本格的な調査が実施され、明治七年（一八七四）、鹿児島神宮から北西に一〇キロほどのところにある円丘（霧島市溝辺《みぞべ》町麓《ふもと》菅口）が明治天皇の裁可にもとづいて高屋山上陵に治定《じじょう》された。この地の近くにあった鷹大明神社（現鷹屋《たかや》神社）の棟札に「鷹屋」とあったことが、「高屋」と解することにつながったのではないかという（『日本歴史地名大系』の「日向高屋山上陵」の項）。

このときニニギ陵（可愛山陵）とウガヤフキアエズ陵（吾平山上陵）の治定も行われ、前者は鹿児島県川内《せんだい》市宮内《みやうち》町の亀山と呼ばれる丘の上が、後者は鹿屋《かのや》市吾平《あいら》町上《かみ》

高尾山上陵（ホオリ陵） 神武天皇の祖父にあたるホオリの陵とされ、静かな杉木立の中に築かれている

名《みょう》の姶良《あいら》川《がわ》の渓流に面した洞窟が、それぞれ陵所となった（前述した鵜戸神宮の吾平山上陵は陵墓参考地）。ニニギ・ホオリ・ウガヤフキアエズの御陵はあわせて「神代三陵」と呼ばれる。

『古事記』は高屋山上陵（ホオリ陵）の場所を「高千穂山の西」と記しているが、明治の治定は天孫降臨神話の「高千穂」を旧薩摩藩領の霧島山とする前提に立ったもので、薩摩出身者が要職を占める明治政府の意向が強く反映されたとみられる。

日向とヤマト王権の知られざる関係

ニニギから、ホオリ（ヒコホホデミ）、ウガヤフキアエズへと続く神話は、伝承地にちなんで日向三代、日向神話などとも呼ばれる。それは言わば古代日向王朝の物語である。

日向神話には黒潮に育まれた古代南九州の豊かな海洋文化が反映されている、とよく言われる。海幸・山幸の「失われた釣針」をめぐる物語とよく似た説話が、東南アジアからオセアニア、アメリカ大陸北部にかけての太平洋沿岸地域に広く分布して伝承されているが、このことは、この説話のモチーフが海洋民たちの間に伝播し、受容されていったことを物語っていると考えることもできよう。

より具体的に、九州出身の古代豪族安曇《あずみ》氏を日向神話の祖とみる説もある。安曇氏は各地の海人《あま》を統率することで朝廷に仕えた一族で、海洋との関わりが非常に深い。その彼らの伝承が日向神話のモデルなのではないか、というのである。

『日本書紀』にはホオリの妻トヨタマビメの父である海神の名を「豊玉彦」と記す箇所があるが（神代下・第十段一書《あるふみ》第一）、弘仁《こうにん》六年（八一五）成立の古代氏族の系譜集『新撰姓氏録《しんせんしょうじろく》』が、当時京都に住んでいた安曇氏（安曇宿禰《すくね》）を豊玉彦の子孫と記していることは、安曇氏を日向神話の祖とする説の傍証の一つである。トヨタマビメというのは、元来は安曇氏が祀っていた海の女神だったのかもしれない。

一方で、こんな見方もある。それは、天孫降臨神話が日向を舞台とし、神武天皇が東征の出発点を日向としたのは、応神《おうじん》・仁徳《にんとく》天皇の時代にヤマト王権が諸県《もろがた》氏などの九州勢力と交流・通婚したことと関係があるのではないか、という説である（松前健『日本神話の形成』）。記紀によれば、応神天皇は、美人で噂の、日向の豪族諸県氏の娘髪長媛《かみながひめ》を召し出し、皇子大鷦鷯尊《おおさざきのみこと》（のちの仁徳天皇）の妃にしたという。この日向の髪長媛の婚姻譚が確かな史実であるならば、説得力のある見解と言えよう。

興味深いことに、コノハナノサクヤビメの墓と伝えられる西都原古墳の女狭穂塚の被葬者を、死後、中央から帰葬された髪長媛とする説がある（北郷泰道『古代日向・神話と歴史の間』）。女狭穂塚は考古学的には五世紀前半の築造と推定されている。それは応神・仁徳の時代とおおよそ重なる年代でもある。

大王が髪長媛から寝物語に聞いた日向の伝説が、いつのまにやら天皇家の伝承にまぎれこみ、記紀神話にも採り入れられた――そんな夢想もできようか。

深掘り『古事記』②

常世国とはどこか

『古事記』によると、出雲のオオクニヌシ（大国主神《おおくにぬしのかみ》）は、海の向こうからやって来たスクナビコナ（少名毘古那神《すくなびこなのかみ》）と協力して国作りを行ったが、国が作り堅められると、スクナビコナは「常世国《とこよのくに》」に渡ってしまったという。『日本書紀』ではやや詳しく、スクナビコナは出雲から熊野の岬または淡島をへて「常世郷《とこよのくに》」に去ってしまったと記してある（神代上・第八段一書《あるふみ》第六）。

「常世」とは「永遠の世界」という意味で、常世国といえば、海の彼方にあると信じられた、祖霊や神々が住まう理想郷のことだ。そこは天つ神がふだん暮らしている高天原《たかまのはら》とは明らかに区別される、東洋的なユートピア、ネバーランドである。

記紀では、国作り以外の場面にも、何度か「常世」が登場している。

次章で詳述することになるが、『古事記』上巻の末尾には、初代神武《じんむ》天皇の兄ミケヌ（御毛沼命《みけぬのみこと》）は浪の穂を踏んで常世国に渡ってしまったと書かれている。どこから常世国に渡ったのかは『古事記』の記述だけでは不明だが、『日本書紀』によれば、神武東征一行が熊野沖で暴風雨に遭った際に、常世郷へ去ったのだという。紀伊半島の熊野から常世へというルートは、面白いことにスクナビコナと同じである。

『古事記』の第十一代垂仁《すいにん》天皇の段にも、常世にまつわるエピソードがみられる。天皇はあるとき、新羅《しらぎ》系渡来人の子孫であるタジマモリ（多遅摩毛理《たじまもり》）を常世国に遣わし、四季を問わず常に輝きを放っているという「時じくのかくの木の実」を捜し求めさせた。おそらくそれは、食べると不老長生になれると信じられた珍果だったのだろう。

那智浜 浜から広がる熊野灘は「補陀落の海」と呼ばれた（和歌山県東牟婁郡那智勝浦町）

タジマモリは常世国にたどり着くとその珍奇な木の実を手に入れ、帰国する。ところがそのとき天皇はすでに崩御していた。タジマモリは天皇の御陵にその木の実を捧げ、「常世国の時じくのかくの木の実を持って参上し、お仕えします」と言うや、絶叫慟哭して死んでしまう。『古事記』は最後に、この常世国から持ち帰られた木の実について「今の橘《たちばな》ぞ」と記している。つまり、「時じくのかくの木の実」とは小ぶりなミカンの一種だった。『日本書紀』もこれとほぼ同じような説話を載せているが、常世国について「神仙が隠れ住む世界で、俗人が行けるところではなく、往復するのに十年がかかる」などと詳述している。ともかくそこは、日本からは万里の波濤を乗り越えねばたどり着けない、遠方はるかに広がる秘境であった。

また『日本書紀』は、アマテラス（天照《あまてらす》大神《おおみかみ》）が伊勢国に鎮座して伊勢神宮が創祀される際、「伊勢国は常世の波がしきりに打ち寄せる国だ」と言祝《ことほ》いだという伝承も記している。

伊勢国の南部は熊野灘に面している。スクナビコナやミケヌは熊野をへて常世に渡った。古代の日本人は、熊野から望む黒潮の彼方に常世国があるとかたく信じ、その楽園的な情景をさまざまにイメージしていたにちがいない。きっとタジマモリも熊野から船出して、常世を目指したのだろう。

中世になると熊野の那智浜《なちはま》から僧侶が小舟に乗って南洋に乗り出し、観音浄土の補陀落《ふだらく》山《さん》を目指すという無謀な修行が繰り返されるようになるが、この補陀落渡海の基底となっていたのは、仏教伝来以前から熊野に息づいていた常世信仰なのである。

第3章

古代天皇の足跡 I

伝説か、史実か
九州の神武天皇
——消された初代天皇の実像とは

昭和戦後はフィクションとされた神武東征

『古事記』の上巻は、成長したウカヤフキアエズ（鵜葺草葺不合命《うかやふきあえずのみこと》）が母トヨタマビメ（豊玉毘売《とよたまびめ》）の妹、つまり叔母のタマヨリビメ（玉依毘売《たまよりびめ》）を妻とし、イツセ（五《いつ》瀬命《せのみこと》）、イナヒ（稲氷命《いなひのみこと》）、ミケヌ（御毛沼命《みけぬのみこと》）、そしてワカミケヌ（若御毛沼命《わかみけぬのみこと》）、別名カムヤマトイワレビコ（神倭伊波礼毘古命《かむやまといわれびこのみこと》）の、あわせて四柱の御子をもうけたことを記してしめくくられている。

続く中巻は、カムヤマトイワレビコ（以下、イワレビコ）が都にふさわしい土地を求めて兄とともに九州を発ち、東方へ向かう物語からはじまる。そしてイワレビコは大和に入ると白檮原宮《かしはらのみや》で即位し、初代天皇となる。このイワレビコの漢風諡号《しごう》が神武《じんむ》天皇で、彼の九州から大和への一大遠征は、神武東征とか神武東遷などと呼ばれる。

つまり、中巻からは、「神」ではなく、「人間」あるいは「天皇」を主人公とする物語が展開し、時代は神代から人代へと移る。記述の内容が、神話から歴史へと転換するのだ。

しかしだからといって、中巻以降の『古事記』の内容がすべて史実に即したものなのかというと、一概にそうとは言えない。

とくに、西暦でいえば紀元前六六〇年頃のことになるという神武東征については、昭和戦後以降、実証主義を重んじた歴史学者津田左右吉《そうきち》（一八七三〜一九六一年）の説に準じて、「歴史的事実ではなく、天皇の始祖を英雄として顕彰するためにつくられた神話のようなものであり、神武天皇は実

『古事記』における神々の系譜③

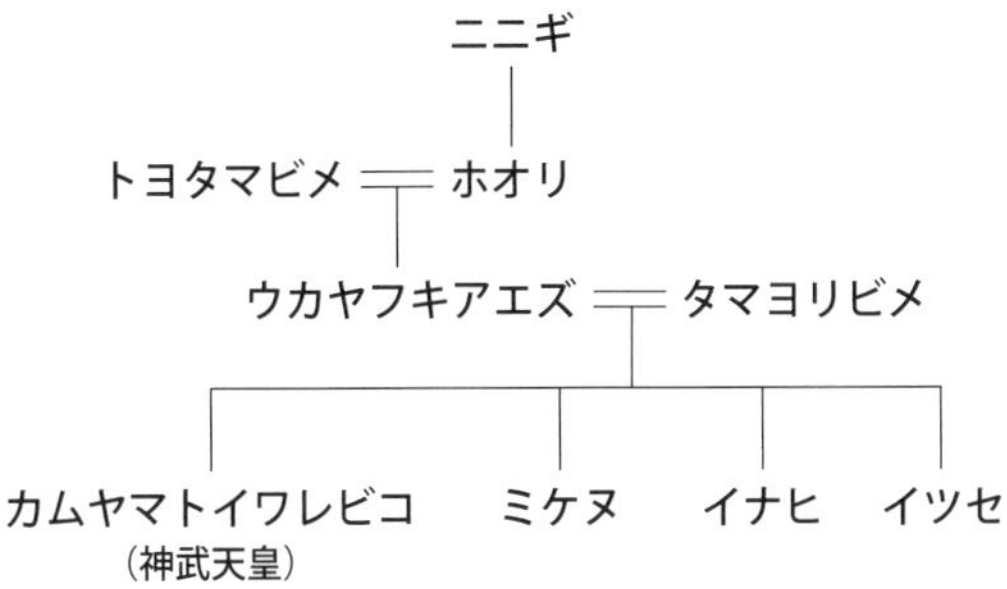

在の人物ではない」ととらえるのが一般的となっている。

たしかに、紀元前七世紀という縄文時代晩期もしくは弥生時代にあたる頃に、一人の英雄的人物が一団を率いて日本列島の半分を横断して畿内に新たな王権を樹立したということを確たる史実と考えることには無理があるし、そもそもそんな先史時代のことが事細かに記録されていること自体があやしい。

しかし、たとえ神話・伝説だとしても、その背景には何らかの史実があるのではないか、と考えることは決して不条理なことではあるまい。それはたとえば、きわめて古い時代に九州から大和へ漸次的な民族移動のようなものがあって、その史実が神話化されて神武東征伝説となったのではないか、あるいは、複数の実在した人物の事績が一人の人物のものとして表象されて説話化されているのではないか、といった考え方である。

以下では、このような観点をまじえながら、神武東征伝説の背後を探ってみたい。

宮崎に点在するイワレビコゆかりの古社

『古事記』の中巻は、次のような描写からはじまる。

神武天皇　月岡芳年画「大日本史略図会　第一代神武天皇」（国立国会図書館）

〈高千穂宮《たかちほのみや》にいたイワレビコは、あるとき兄イツセと相談してこう言った。
「どの地にいれば、天下を平安に治めることができるのだろう。もっと東の方に行ってみよう」
そして早速、日向《ひむか》を発ち、筑紫《つくし》へ向かった〉

神武東征のはじまりである。

しかし、イワレビコが南九州のどこで生まれ育ったのか、九州の日向を発つまでどこで何をしていたのか、といったことは何ら触れられていない。

『日本書紀』は多少触れているが、それでも「生まれながらにして聡明だった」とか「十五歳で皇太子になった」「日向国の吾田邑《あたむら》のアヒラツヒメ（吾平津媛《あひらつひめ》）を妃としてタギシミミ（手研耳尊《たぎしみみのみこと》）が生まれた」といった程度である。

ところが当の日向国、つまり宮崎県に目を向けてみると、そこにはイワレビコとのゆかりを伝える場所が

皇子原神社　高千穂峰を仰ぐ皇子原公園西の高台に鎮座する

多い。

霧島山東麓の宮崎県西諸県《にしもろかた》郡高原《たかはる》町蒲牟田《かまむた》に鎮座する**皇子原《おうじばる》神社**は、東方一キロの地にある**狭野《さの》神社**の末社だが、ここをイワレビコ生誕地とする伝承があり、また狭野神社の元宮であるともいう。神社は眺望のきく丘の上にあり、高千穂峰を間近に仰ぐこともできるが、そこは円墳六基が散在する古墳群「高原町古墳」のひとつでもある。古墳群の発掘調査は行われていないが、五世紀後半〜六世紀前半の築造で、墳丘の下には南九州特有の「地下式横穴墓」が眠っているとみられている。

狭野神社はイワレビコ（神武天皇）や妃アヒラツヒメなどを祭神とし、創建は第五代孝昭天皇の時代と伝えられ、社名の「狭野」は地名に由来するらしい。『日本書紀』によれば、イワレビコは年少時には狭野尊《さののみこと》と称したというが、このことから狭野神社とイワレビコが関連づけられたのだろうか。それともイワレビコは実際にこの地に生まれたので、狭野尊という幼名を称したのだろうか。狭野神社は第2章の「高千穂と日向」の節で触れた霧島六所権現《ごんげん》の一つでもあり（117ページ）、霧島山への信仰もこの神社の重要な要素を占めている。ちなみに、高原という町名は高天原《たかまのはら》の略とも伝えられている。

皇宮屋　イワレビコが東征に向かう45歳まで過ごしたとされる

宮崎市神宮の小高い丘の上に鎮座する**皇宮屋**《こぐや》（**皇宮神社**《こうぐう》）は、イワレビコが兄たちと宮居した高千穂宮の跡地と伝えられている。『古事記』を読み直すと、ホオリが営んだ宮も高千穂宮と呼ばれていて、先にその伝承地として高千穂神社や鹿児島神宮を紹介したが（131ページ）、皇宮屋の伝承では、ホオリの高千穂宮とイワレビコの高千穂宮は区別されているようである。

皇宮屋は現在、ここから東へ六〇〇メートルほどのところに鎮座する**宮崎神宮**の摂社となっている。宮崎神宮はイワレビコを祭神とし、古くは神武天皇宮とも称された。社伝によれば、イワレビコの皇子カムヤイミミ（神八井耳命《かむやいみみのみこと》）の子タケイワタツ（健磐龍命《たけいわたつのみこと》）が九州に派遣されたとき、この地に祖父イワレビコの霊を鎮祭したのがはじまりだという。ただし、この神社の歴史が史料上で明確になってくるのは鎌倉時代からである。

鹿児島にもある東征出航の伝承地

高千穂宮で相談したイワレビコとその兄イツセは、都にふさわしい豊かな地を求めて東方へ旅立つことを決意する。乾坤一擲《けんこんいってき》の大冒険のスタートである。ところが『古事記』は、この大旅行の出発については「日向《ひむか》より発《た》たして」と記すだけで、具体的な出航地を記していない。『日本書紀』も同様である。

しかしローカルな伝承に注目すると、宮崎県北部に神武東征船出の地として伝えられてきたことで知られる場所を見出すことができる。日向市《ひゅうがし》美々津町《みみつ》の**美々津港**だ。

日向灘に面した耳川（美々津川）の河口に位置し、古くから日向国の重要な港町として栄えてきた。河口付近の岸壁に鎮座する**立磐神社**《たていわ》は住吉《すみよし》三神（底筒《そこつつ》之《の》男命《おのみこと》・中筒《なかつつ》之《の》男命《おのみこと》・上筒《うわつつ》之《の》男命《おのみこと》）を祭神とするが、境内にはイワレビコが出航の際に指揮をとるために腰を下ろしたという「御腰掛之磐」がある。社伝によれば、イワレビコが出航にあたって航海安全を祈念して海上の守護神である住吉三神を奉斎したことにちなみ、第十二代景行《けいこう》天皇の時代に創祀されたのだという。

立磐神社　イワレビコは旧暦8月1日の夜明け前に船出を決意したと伝えられている

　昭和戦前・戦中には、美々津は日本海軍発祥地としてもてはやされた。神武東征の船団こそが日本海軍の始原であるとされたからだ。神社境内には「日本海軍発祥之地」と刻された巨大な石碑が建っているが、これは紀元二六〇〇年（西暦一九四〇年）を記念する宮崎県奉祝記念事業の一環として昭和十七年（一

宮浦宮　鹿児島湾を挟んで桜島に正対する景勝地となっている

九四二）に建立されたものだ。敗戦後、碑文は破壊されたが、昭和四十四年に地元有志の強い要望により、防衛庁などの協力を得て復元されている。

立磐神社からは一〇〇キロほども離れているが、鹿児島湾に面した大隅半島の付け根あたりに鎮座する**宮浦宮**《みやうらぐう》（鹿児島県霧島市福山町）も東征出発地の伝承地となっている。宮浦宮はイワレビコと天神七代・地神五代を祀り、東征前のイワレビコの仮宮があったところとも伝えられている。もしここが東征出航地だったのならば、イワレビコが兄たちと営んだという高千穂宮の場所は、宮崎県の皇宮屋ではなく、ホオリの高千穂宮の跡とする伝えもある鹿児島神宮のあたりととるのが合理的だろう。

宮浦宮の北西には若尊鼻《わかみこばな》と呼ばれる小半島があるが、ワカミコとは、ワカミケヌとも称したイワレビコのことをさしているのだという。宮浦宮は現在は鎮守《ちんじゅ》風の小社だが、『延喜式神名帳《えんぎしきじんみょうちょう》』にも名を連ねる古社で、社殿の左右には樹齢千年とも言われる一対の大銀杏が高々とそびえ、正面の海上には雄壮な桜島を仰ぐことができる。

常世国に去ったイワレビコの兄ミケイリノ

このように九州には、記紀にはみることができないイワレビコ伝承が豊富に残されているのだが、そんなローカルなイワレビコ伝承の、言わばスピンオフとして、ぜひとも取り上げておきたい伝承がある。

それは、イワレビコの兄ミケイリノ（ミケヌ）と「鬼八《きはち》」にまつわるものだ。

イワレビコの三番目の兄にミケヌ（御毛沼命）がいたことは先にも記したが、『古事記』の中では、彼は上巻の末尾にウカヤフキアエズとタマヨリビメの子として、つまりイワレビコの兄として登場するも、「浪の穂を踏んで、常世国《とこよのくに》（神仙の住むユートピア）に渡ってしまった」と書かれていて、なぜかたちまち姿を消してしまう。この記述だけでは、彼が東征に同行したかどうかもわからない。

ところが、『日本書紀』をみると、イワレビコの三番目の兄はミケイリノ（三毛入《みけいり》野命《ののみこと》）と呼ばれていて、兄弟たちとともに東征に加わったことになっており、しかも非常に興味深い記述がある。

すなわち『日本書紀』巻第三の神武天皇即位前紀によると、イワレビコ兄弟ら東征の一行は、九州から瀬戸内海をへて河内《かわち》に至り、上陸して生駒《いこま》山を越えて大和に入ろうとするが、土豪のナガスネビコ（長髄彦《ながすねびこ》）の軍に迎撃されたため一旦退却。迂回して紀伊半島沿いに海路を進み、熊野をめざす。

この間の紀伊国の竈山《かまやま》（和歌山市）に着いたとき、敵の流れ矢に当たっていた長兄のイツセが亡くなってしまう。

さらに、ようやく熊野に着いたところで今度は暴風雨に遭遇。次兄のイナヒ（稲飯《いなひの》命《みこと》）は海神を鎮めるべく海に身投げをし、次にミケイリノは、「母と伯母は海神であるというのに、なぜ海神は波を立てて溺れさせるのか」と嘆き悲しみ、波頭を踏んで常世国へと去ってしまった。

つまり、ミケイリノは東征の途中で前途を悲観し、熊野沖から異郷へと姿を消してしまったというのだが、不幸にも嵐に見舞われて海中に没してしまったことを暗に示しているととれなくもない描写である。

そして末弟であるイワレビコがからくも生き延び、やがて大和入りを果たし、その地を都として新たな王朝を樹立するのである。そうなると、やや意地の悪い見方をすれば、イナヒやミケイリノは弟との後継者争いに敗れて姿を消していったのではないか、ととれなくもなかろう。

高千穂に残るミケイリノと鬼八の伝説

ところが、この兄弟たちの地元である九州には、ミケイリノのその後に関するはなはだリアルな伝承が残されていた。第2章でも触れた、宮崎県北部の**高千穂神社**（西《にし》臼杵《うすき》郡高千穂町三田井《みたい》）には、次のような伝承があるのだ。

熊野沖から波頭を踏んで常世国に向かったはずのミケイリノは、その後じつは故郷の高千穂に帰還していた。ところが帰ってみると、故郷は鬼八という名の荒ぶる鬼神によって支配されていて、その鬼八が妖術を駆使してミケイリノの帰還を妨げようとさえする。しかしミケイリノはこれをかわし、さらに鬼八がさらっていた美しい姫を救い、最後は鬼八を倒して斬り殺し、遺体はバラバラに斬り刻んで埋めたという。

高千穂神社から北方向にしばらくいったところに「**鬼切畑**《おぎりはた》」という集落がある。そ

ミケイリノ　鬼八を退治する姿が描かれている（高千穂神社の本殿）

こは鬼八が追い詰められて斬られたところだと言い、「**鬼《おに》切石《きりいし》**」という、切り傷のような裂け目をもつ巨石がある。また神社付近には鬼八の墓とされる「**鬼八塚《きはちづか》**」が三基もあり、それぞれ首、胴、手足を埋葬したところだと伝えられている。

ここで高千穂神社の祭神について改めて説明すると、主祭神は高千穂皇神《すめがみ》で、これに十社大明神《じっしゃだいみょうじん》を配祀する。前者はニニギ、ホオリ、ウガヤフキアエズの日向三代の神々とその后神の総称とされ、後者の十社大明神は、じつはミケイリノとその妻子あわせて十柱の総称ということになっている。社伝によれば、東征から高千穂に帰還したミケイリノが日向三代を祀ったのが、神社の創祀だという。

高千穂神社の神話・伝説では、天孫降臨神話の方にどうしても目が行きがちだが、じつはミケイリノは陰の主役ともいえる存在だったのである。

鬼八伝説にはまだ続きがある。

ミケイリノに討たれた鬼八だったが、彼の霊は執念深く、埋葬後もうなり声をあげ、霜を降らせて農作物に害を与え、里人たちを困らせた。そこで高千穂の人びとは毎年、少女を人身御供《ひとみごくう》に捧げてその霊を慰めるようになった。しかし戦国時代になると、いたいけな少女を生贄にしつづけることはあまりにも惨いということになり、領主の指示で、人間の代わりに十六頭の猪を捧げることに変わった。これ以後、この行事は「猪掛祭《ししかけまつり》」と呼ばれることになったという。

この祭礼は現在も毎年旧暦十二月三日に高千穂神社で行われている。また、高千穂町は神楽《かぐら》の里としても知られているが、高千穂神楽のルーツは鬼八鎮魂のための猪掛祭にあるのではとも言われている。

鬼八の伝説は熊本県の阿蘇にもみられるのだが、阿蘇の伝説では、鬼八を討ったのは、ミケイリノではなく、イワレビコの孫のタケイワタツ（阿蘇大明神）となっている。

中世の高千穂神社の祭神は「正市伊大明神」だった

高千穂神社のミケイリノ伝承は、記紀にはまったく書かれていないものである。記紀の編纂者は、じつはこの伝承を知っていたのだが、イワレビコの事績を強調するためにこれを無視し、書き記さなかったのだろうか。

それとも、このようなミケイリノ伝承は、記紀の神話・伝説が中央から九州に伝わったのちに、高千穂地方で形成されたものなのだろうか。

どうやら、後者の可能性が高いようである。なぜなら、高千穂神社のミケイリノ伝承は、かなり後世になってから成立したものであるらしいからだ。

高千穂神社の縁起史料として現存最古と目されるものに、文治五年（一一八九）の奥書をもつ『十社大明神記』がある（『神道大系　神社編45』所収）。ちなみに、高千穂神社は中世の神仏習合時代には十社大明神と称し、高千穂郷八十八社の総鎮守《そうちんじゅ》として人びとの信仰を集めていた。

この『十社大明神記』は意味不明瞭な箇所も多いが、前半部分には「神武天皇の皇子正市伊が、御剣の固め役を務める丹部の大臣宗重《むねしげ》と若丹部の大臣佐田重《さだしげ》を御供として天降《あまくだ》った。高千穂に入ると二上山《ふたがみやま》の窟屋にいた鬼八法師を退治してこの地を治め、のちに正市伊様とその子孫が十社大明神として祀られた」といった筋の説話が書かれている。天孫降臨神話と神武東征伝承、高千穂土着の鬼退治伝承がごっちゃになったような筋書きである。

そしてこれに続けて、神社の祭神が次のように列記されている。

「正市伊大明神／うのめの権善／太郎の王子／てんによの権善／次郎の王子／三郎のみこと／てるみこと／ぢんどう／れしやじん／おうとのかミ」

主祭神の「正市伊」は、おそらく稲荷神社に与えられた神位の「正一位《しょういちい》」のことで、この神が農神であることを示唆しているのだろう。「うのめの権善」はおそらく「稲魂女《うかのめ》の御前」の意で、食物を司る女神のことであり、農神としての正市伊の妻なのだろう。それ以外の八神は、この夫婦神の子供やその妻なのだろう。これら合わせて十神が本来の「十社大明神」なのである。

ところが、神武天皇の皇子だという正市伊大明神が、記紀では消息不明の扱いになっている神武天皇の兄ミケイリノにいつしか置き換えられ、しだいに縁起説話が潤色されていったらしい。宮崎県の神楽・民俗の調査・研究に長く従事された山口保男氏によれば、この地方の文書にミケイリノの名前が登場するようになるのは、延宝《えんぽう》三年（一六七五）あたりからのことだという（『宮崎の神楽』）。つまり江戸時代である。

九州のイワレビコ伝承の真相とは

このようなことからすれば、高千穂のミケイリノ伝承は、中世から近世にかけて、高千穂地方土着の鬼退治伝承が、中央から流布してきた記紀神話（天孫降臨神話＋神武東征伝説）と習合することによって形成されたもの、とみるのが妥当なところだろう。

日向地方の神社に残るイワレビコ伝承についても、おそらく同じようなことが言えるのだろう。

だがしかし、である。

逆説的めくが、神話の伝承地と呼ばれるような土地の文献や民俗、芸能を探求していった場合、仮にそれらが中世・近世の成立とされるものだったとしても、その深層から非常に古い根生《ねお》いのもの――『古事記』よりも古いもの――が間歇泉《かんけっせん》のように噴出することもまた、ありうる。一概に神話の伝承地を「後世の付会」として片付けることはできない。

そのように考えてみるならば、イワレビコ一行の説話に、東方への乾坤一擲の冒険を決行した、古代南九州に実在した命知らずの若き兄弟の姿が投影されている可能性も捨て切れない。

高千穂の伝承に描かれたミケイリノのように、故あって兄弟と別れ、帰郷した者も実際にいたのではないだろうか。あるいは、『十社大明神記』が示唆するように、その兄弟の息子が父たちの故郷を訪ねて中央から九州へやってきたこともあったのではないだろうか。

神話・伝説が息づく南九州の霊跡や古社を訪ねまわるならば、きっとそんな思いにもかられるだろう。

英雄の原像
神武東征の旅
――ルートから浮かび上がる伝承の深層

古代には入江だった河内平野

南九州の日向《ひむか》を発って東方に向かったカムヤマトイワレビコ（神倭伊波礼毘古命《かむやまといわれびこのみこと》／以下、イワレビコ）の一行は、北九州をへて瀬戸内海へ出る。そして安芸《あき》の多祁理宮《たけりのみや》（広島県府中市付近か）、吉備《きび》の高嶋宮《たかしまのみや》（岡山市南区宮浦付近か）をへて、浪速の渡《なみはやわたり》（大阪湾）へ抜け、生駒《いこま》山の西麓にあたる青雲の白肩津《しらかたのつ》に船を停めて上陸した。『古事記』の記述にもとづけば、日向を発ってから白肩津に上陸するまで、少なくとも十六年が経過していた。

「青雲の白肩津」は『日本書紀』には「草香邑《くさかのむら》の青雲の白肩津」とあり、その場所は

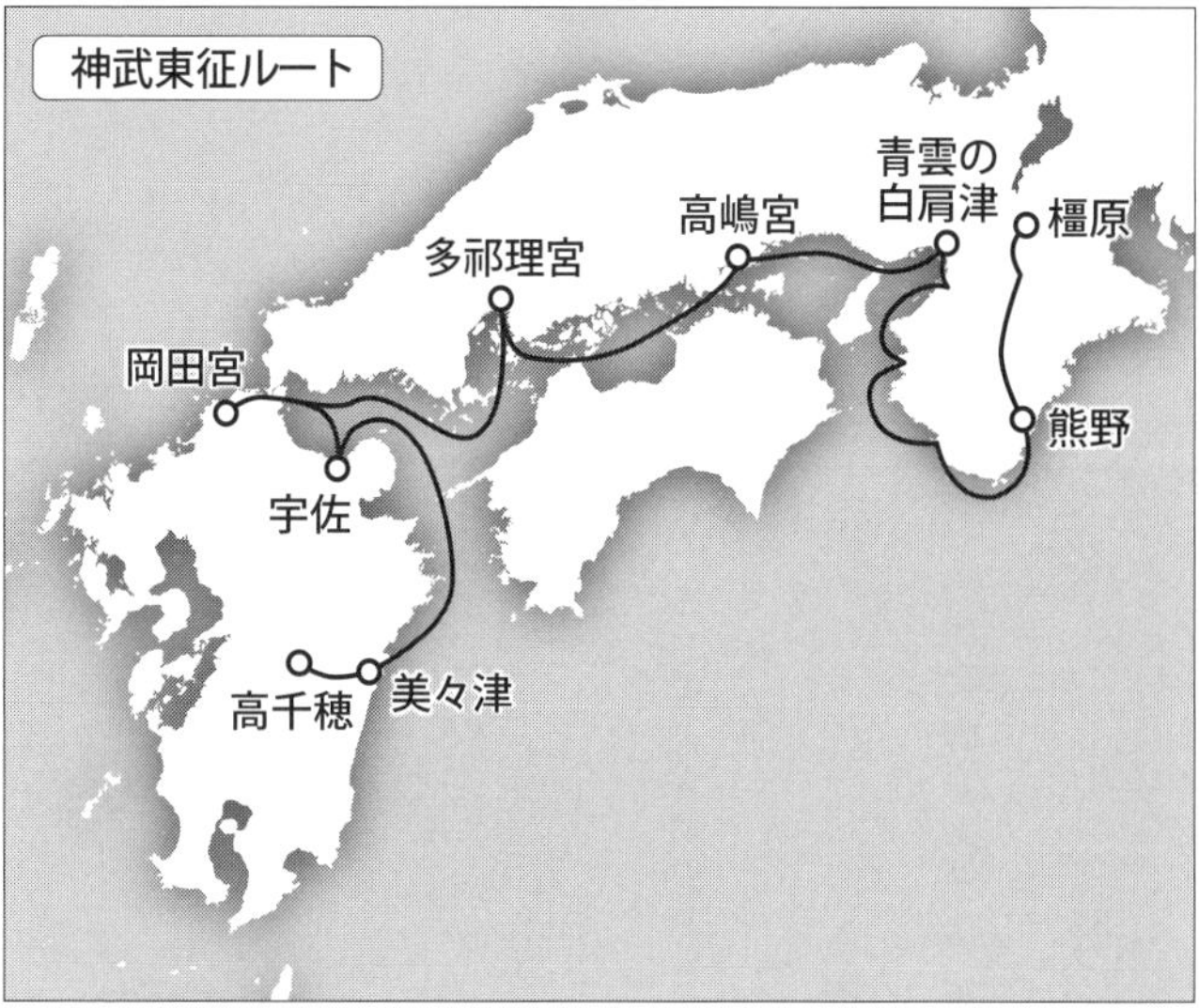

河内平野東部の東大阪市日下《くさか》町付近に比定されている。そこは現在では完全な内陸部で住宅街となっているが、太古の時代は河内平野全体が海になっていて、弥生時代頃から湾口に砂州《さす》（現在の上町《うえまち》台地）が形成されて潟湖《せきこ》となった。「白肩津」とは「白く映える潟に面した港」の意だろう。やがてその潟湖は池となるが、この池が完全に姿を消すのは太平洋戦争後のことである。

つまり、古代には日下の辺りは入江のようになっていて、その奥に船着場があり、そこから生駒山を越えて大和に入るルートがあったらしい。

『古事記』の記述には、そんな古代河内の地形が前提にある。

ところが、上陸したイワレビコ一行は、たちまち危難に遭う。

〈このとき、土豪のナガスネビコ（那賀須泥毘古《ながすねびこ》）が軍を率いて攻めてきた。戦になるとイワレビコは楯を取って降り立った。そのためその地は楯津《たてつ》と名づけられた。

しかし、この戦いでイワレビコの兄イツセ（五瀬命《いつせのみこと》）は矢傷を負ってしまう。

「日の神の御子が太陽に向かって戦ったから負けたのだ」と考えた一行は南方へ迂回して進んだが、紀伊国の男水門《おのみなと》に至ったとき、イツセはついに亡くなり、この国の竈《かま》山《やま》に葬られた。

イワレビコ一行はさらに迂回して熊野に上陸。天つ神《あまつかみ》から下された霊刀フツノミタマで荒ぶる神を斬り倒し、天つ神から遣わされたヤタカラス（八咫烏《やたからす》）に導かれて山中を進み、やがて吉野《よしの》川の下流をへて大和へと向かった〉

イワレビコが迎撃された生駒は物部氏の本拠地

現在でも大阪市街から東を望むと、生駒の山なみが巨大な屏風のように立ちはだかっているのがよくわかる。生駒山の麓に上陸したイワレビコはこの山を越えて大和に入ろうとした。ところが、行く手から土豪のナガスネビコの一団がやって来て、迎撃されてしまったのだ。

ナガスネビコは、『古事記』では正確には登美能那賀須泥毘古《とみのなかすねびこ》と書かれ、また登美毘古とも呼ばれているが、「登美（トミ）」は彼が本拠とした地名を指していると考えられ、その場所については、大和川の支流富雄川《とみおがわ》の流域である、奈良県生駒市の北部から奈良市西端部（旧富雄町）にかけての地域とする説が有力である。そこは古くは登美郷とも呼ばれたところで、河内側から見ると、ちょうど生駒山を越えた先に広がる台地状のゾーンである。

ナガスネビコは『日本書紀』では長髄彦と書かれ、足のスネが異常に長い男の意ととれるが、これは先住民に対する一種の賤称であると考えられる。『日本書紀』や『風土記《ふどき》』が先住民のことを「土蜘蛛《つちぐも》」とか「八束脛《やつかはぎ》」などと表現するのと似たようなものだろう。

神武東征譚の終盤で明らかになるが、ナガスネビコはニギハヤヒ（邇芸速日命《にぎはやひのみこと》）という神を奉じていて、彼の妹はこの神の妻となってウマシマジ（宇麻志麻遅命《うましまじのみこと》）という子を生み、その子孫が古代の有力豪族物部《もののべ》氏となったのだという。

ニギハヤヒは、『古事記』の中では詳述されていないが、『日本書紀』にもとづけば、天つ神の御子であり、イワレビコたちよりも先に天磐船《あまのいわふね》に乗って畿内に天降り、地盤を築いていた。しかし最終的にはイワレビコに帰順し、彼の一族は原始ヤマト王権の一員となるのである。

九世紀半ば頃までに成立したとみられる史書『先代旧事本紀《せんだいくじほんぎ》』は物部氏の古伝が含まれているとみられるが、そこにはニギハヤヒの事績がより詳しく書かれている。それによると、彼はまず河内国の河上の哮峰《いかるがのみね》に天降り、さらに大和国の鳥見《とみ》の白庭《しらにわの》山《やま》に遷ったという(巻第五「天孫本紀」)。哮峰、「鳥見の白庭山」の比定地についてはいくつか説があるが、前者を生駒山、後者を先にも触れた富雄川流域の白庭台付近とする説がある。

生駒山の西麓に鎮座する**石切劔箭神社**《いしきりつるぎや》(大阪府東大阪市東石切町)はニギハヤヒとウマシマジを祭神とするが、社伝によれば神武天皇二年に宮山《みややま》に社が建てられたのがはじまりだという。宮山とは同社上之宮《かみのみや》の背後(東方)にある山腹の平坦地で、土器なども出土しているため、そこが同社の元宮であったと考えられる。そこはニギハヤヒが降臨した哮峰に比定される生駒山に近い。石切剣箭神社の起こりは、ニギハヤヒを祖神と崇める物部氏の信仰と深い関係があるのだろう。なお、同社の神職は物部氏の支族である穂積《ほづみ》氏（木積《こづみ》氏）によって代々務められてきた。

ともかく、このように生駒山周辺にはニギハヤヒや物部氏に関連する神社・伝承地が点在していて、ニギハヤヒの墓とされるものすらある。

要するに、ニギハヤヒ色が濃厚な区域なのである。

このことは、ニギハヤヒを奉じる物部一族が、記紀が示唆するように、天皇家に先んじてこの地一帯に居住し、一定の勢力をもって支配していたことを物語っているかのように映る。

なお、令和五年（二〇二三）一月、富雄川流域の富雄丸山《まるやま》古墳（奈良市丸山）から

石切劔箭神社　「石切さん」として親しまれ、本殿前を行き来するお百度参りが有名

前例のない巨大な盾形《たてがた》銅鏡と全長二メートルを超える長大な蛇行剣《だこうけん》が出土したことが報じられて話題となった。四世紀後半の築造と推定されるこの古墳の所在地が物部氏とゆかりの深い場所であったことを考慮すれば、古墳の被葬者が物部氏の有力者であり、出土した宝物類は物部氏に関係するものであった可能性が高いと言える。盾形銅鏡と蛇行剣は、富雄川流域一帯を本拠とした物部氏の権力・権威を象徴するものであったのではないだろうか。

吉野へのルートの矛盾が語ること

ナガスネヒコたちに迎撃されたイワレビコたちはいったん退き、紀伊半島を南に迂回しながら遠征を続け、熊野に再上陸し、紀伊山地を跋渉《ばっしょう》して吉野に入ったという。

この道順は、迂回したにしても、遠回りにすぎる印象がある。

しかも、熊野から吉野川の河尻（下流）に出たというのは、地理的に考えても矛盾がある。吉野川は紀伊半島の西端（和歌山市）に河口がある紀ノ川《きのかわ》の上流部にあたるのだから、その下流に行くのであれば、現在の和歌山市付近に上陸して紀ノ川をさかのぼってゆくというルートをとるのが常識的だからだ。

神話学者の三浦佑之《すけゆき》氏は、このような点を踏まえて、「おそらく、カムヤマトイハレビコの東征伝承も、何層にも積み重なる伝承があって、上陸地点にもいくつかの伝えがあったのではないでしょうか」と指摘している（『古事記神話入門』）。

あるいは、こう考えることも可能かもしれない。

「本来の伝承は、日の御子を称する英雄が紀ノ川沿いに進軍して吉野川の河尻に出るというものであった。ところが、それに熊野を舞台にした別の英雄伝承が組み合わされて、今我々が読んでいるような『古事記』の東征伝承が成立したのではないか。そしてそれは結果的には、国覓《くにま》ぎのはてに都にふさわしい勝地にたどりつくという説話として結実した」

いや、そうではなくて、河内から生駒をへていきなり大和に入るというのが本来の伝承だったのではないか――そんな想像にもかられる。

神武東征伝承をいたずらに架空のフィクションと片付けて無下にするのではなく、それを各地・諸氏族の伝承・説話の集積としてとらえるならば、歴史・史実の断片も浮かび上がってくるのではないだろうか。

吉野→宇陀→忍坂と移動した東征団

吉野川の河尻に出たあとのイワレビコの足取りを追ってみよう。

吉野川をさらに遡行して吉野の山中（吉野町国栖《くず》）に分け入ったイワレビコ一行は、やがて宇陀《うだ》（奈良県宇陀市）に出て、土豪のエウカシ（兄宇迦斯）を討ち、次に奈良盆地の東端部分にあたる忍坂《おさか》（奈良県桜井市忍阪《おつさか》）に出て、先住民の土雲（土蜘蛛）を征する。そうしてついに再びナガスネヒコと対決するのだが、先にも触れたように、このときナガスネヒコの奉じるニギハヤヒが登場し、神宝である天つ瑞《あましるし》をイワレビコに献上して帰順。ナガスネビコは敗れ、大和国はイワレビコの支配下に入るのである。

つまり、大まかにはイワレビコは吉野→宇陀→忍坂と移動し、奈良盆地の南側を反時計回りに回り込む感じで大和にアプローチしているのだ。『日本書紀』でのイワレビコのルートは、熊野→宇陀→吉野→忍坂と、やや複雑となっている。

東征譚のこのあたりの戦闘はおもに「久米歌《くめうた》」と呼ばれる勇ましい歌謡を中心として記されている。たとえば、「みつみつし　久米の子が　頭椎《くぶつつ》い　石椎《いしつつ》い持ち　撃ちてし止《や》まむ……」といったたぐいである。

この久米歌は軍事集団「久米部《べ》」が伝承したと考えられる歌謡で、一種の軍歌であり、その久米部を統率したのが、イワレビコの東征に随従した道臣命《みちのおみのみこと》の子孫と伝えられる大伴《おおとも》氏と、同じく大久米命《おおくめのみこと》の子孫と伝えられる久米氏だ。

記紀は神武東征が久米歌を発生させたように書いているが、先にいくつもの久米歌があって、それがモチーフとなって一つの物語が整えられていったのではないか、というのもしばしば聞かれる説である。

「磐余」の地で勝利を収めたイワレビコ

イワレビコがナガスネヒコとどこで再度の対決をしたのか。『古事記』はその地名を明記していないが、それは、忍坂の土雲を討った後、磯城《しき》（師木）の土豪エシキ・オトシキ兄弟を討つ前のこととして記述されている。

磯城は三輪山を東限とする奈良盆地中東部一帯を指す広範囲に及ぶ地名だが、本来は初期ヤマト王権の要地になった三輪山《みわやま》の西麓を中心とした地域をさしたらしい。ちなみに、ヤマト（倭、大和）は本来は磯城の中の一部（現在の天理市南西部付近）を指す地名だったが、やがて意味が広がって大和国（奈良県）全体をさすようになり、さ

橿原神宮　畝傍山の麓にあり、周囲には天皇陵が多い

らには日本そのものの異称にも用いられるようになったのだ。

つまり、『古事記』の文脈からすると、イワレビコがナガスネビコと戦ったのは忍坂と磯城の中間あたりの可能性が高く、そこは古代には「磐余《いわれ》」とも呼ばれた地域である。現在の地名でいえば桜井市阿倍地区の付近だ。のちには履中《りちゅう》天皇や清寧《せいねい》天皇、継体《けいたい》天皇などの皇居が置かれた土地である。

そしてナガスネビコを敗ったイワレビコは、「畝火《うねび》の白檮原宮《かしはらのみや》」を営んで天下を治めたという。ついに即位して初代天皇神武となったのである。

白檮原宮（橿原宮）の場所は、『日本書紀』によれば「畝傍山《うねびやま》の東南」であったという。畝傍山東南麓に鎮座する**橿原神宮**（橿原市久米町）は、その橿原宮の跡地と推定された場所に明治二十三年（一八九〇）に創建されたものだ。その辺りもまた、広義では磐余に含まれる場所である。

ここで注目したいのは、カムヤマトイワレビコという人名とのつながりである。このなかのイワレ（伊波礼）は、大和の地名としてのイワレを指しているとみて大過なかろう。つまり、カムヤマトイワレビコとは「神聖なる日本の磐余の王」とか「磐余の首長」というようなニュアンスであり、大和を統一して磐余に本拠を置いた英雄の称なのである。

神話学者の松前健《たけし》氏は、記紀に示される神武天皇（イワレビコ）のさまざまな異名・別名などを根拠として、神武天皇は、①東方に旅出た南九州の英雄、②南紀の熊野の英雄、③大和を統一した磐余の英雄という、三人のまったく違った人物の物語を重ね合わせたものではないか、と指摘している（『日本神話の謎』）。三番目の磐余の英雄伝説を核に、複数のローカルな英雄伝承をつなぎ合わせたのが壮大な神武東征伝説なのだという言い方もできよう。

壬申の乱に登場する神武天皇陵

『古事記』によると、神武天皇は大和の三輪山の神オオモノヌシ（大物主神《おおものぬしのかみ》）の御子であるイスケヨリヒメ（伊須気余理比売《いすけよりひめ》）を大后に迎えて皇子をもうけたのち、百三十七歳で崩御し、「畝火山の北方の白檮尾《かしのお》の上」に御陵が築かれたという。『日本書紀』はこの御陵を「畝傍山東北陵」と記している。

現在、畝傍山の東北に位置するミサンザイ古墳が神武天皇陵に治定されているが、この治定は複数の候補地があるなかで幕末期に行われたもので、さほど信憑性が高いものではない。江戸時代なかばには、ミサンザイ古墳のやや北にあって、現在は第二代綏靖《すいぜい》天皇陵に治定されている「塚山《つかやま》」と呼ば

神武天皇陵　周囲約100メートル、高さ5.5メートルの円丘であり、周濠をめぐらせている

れる古墳が神武陵とみなされていた。

そもそも架空と目される人物に墓があること自体が不自然だが、しかし七世紀後半には、畝傍山周辺に神武天皇の陵墓とされるものが確かに存在し、祭祀の対象となっていた。

『日本書紀』に、天武《てんむ》天皇元年（六七二）の壬申《じんしん》の乱の際、畝傍山周辺の神社に祀られていた事代主神《ことしろぬしのかみ》と生霊神《いくみたまのかみ》の託宣にもとづいて大海人皇子《おおあまのみこ》（のちの天武天皇）が「神日本磐余彦天皇《かむやまといわれびこのすめらみこと》」の御陵を祭祀し、馬や兵器を奉ったという記述があるからである。

この時点で東征伝説がすでに完成された形で成立していたかどうかは不明だが、ともかく七世紀後半には、日本建国の祖としての「初代天皇神武」に関する伝承が確固として存在していたのである。

重なり合う聖地

三輪山と出雲

――オオモノヌシとオオクニヌシのアンサンブル

初期ヤマト王権との結びつきが強い「磯城」

『古事記』は、第二代綏靖《すいぜい》天皇～第九代開化《かいか》天皇については、神武《じんむ》天皇崩御後の皇子間の皇位継承争いを除けば、天皇名と皇居地、后妃子女名、崩御年齢、陵墓などの情報をただ列挙する程度で、具体的な事績の記事はない。

そのため、この八人の天皇は「欠史八代」と呼ばれ、実在が疑われることが多い。天皇家の歴史を長く見せかけるために、系譜を長々としたものとするために、机上で編み出された架空の人物ではないのか、という見方である。

そんな書きぶりが一変するのは第十代崇神《すじん》天皇の段からで、『古事記』の記述はここから再び物語性が豊かになる。

崇神天皇が皇居としたのは「師木水垣宮《しきのみずがきのみや》」であった。『日本書紀』では「磯城瑞籬宮」と表記される宮である。

前節に記したように、シキ（師木、磯城）とは、秀麗な山容をもつ三輪山《みわやま》の西麓を中心とした地域をさし、この山全体を御神体としてその西麓に鎮座する古社、**大神神社**《おおみわ》（奈良県桜井市三輪）の周辺が師木水垣宮の跡地と推定されている。三輪山の稜線をバックにして、北東から流れて来る巻向川《まきむくがわ》と、南東から流れて来る初瀬川《はせ》に挟まれた、大神神社を囲む三角地帯が、古くから「水垣郷」と呼ばれていたことが一つの根拠である。

そしてこのエリア内の、大神神社のやや南（三輪山の西南麓）に

古代天皇系図①

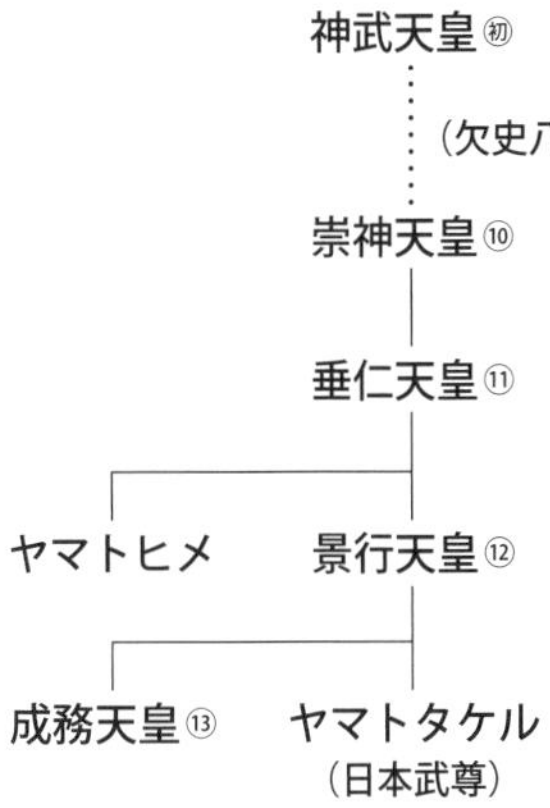

……波線は先祖・子孫
○数字は天皇代数

大神神社　三輪山を直接拝するため、本殿をもたない

所在する**志貴《しき》御《み》県坐《あがたにます》神社**（桜井市金屋《かなや》）が水垣宮の伝承地となっていて、境内には「崇神天皇磯城瑞籬宮趾」と刻された石碑が立っている。

社名の「志貴御県」は磯城を本拠とした豪族・磯城県主《しきのあがたぬし》（磯城氏）のことをさしているとみられるが、彼らは、『日本書紀』によれば、神武天皇に帰順した磯城の土豪オトシキ（兄のエシキは神武に討たれた）を祖とする。志貴御県坐神社の祭神はニギハヤヒだが、これは磯城県主をニギハヤヒ（邇芸速日命《にぎはやひのみこと》）を遠祖とする一族とする伝承があるためで、だとすれば、同じくニギハヤヒを祖とする大和の有力先住氏族、物部《もののべ》氏とは同族なのかもしれない。

興味深いことに、記紀にもとづけば、第二代綏靖天皇から第七代孝霊《こうれい》天皇までの六天皇はいずれも磯城県主の女性を后妃に迎えている。それが史実であったかどうかはともかくとして、こうした伝承は、「磯城」という地域が初期天皇家と非常に強い結びつきをもつ土地であったことを物語っているのではないか。

三輪山にオオモノヌシを祀らせた崇神天皇

崇神天皇が、三輪山の麓に営まれた師木水垣宮で天下を治めていたとき、大きな異変が生じた。『古事記』の記述を追ってみよう。

〈崇神天皇の御世に疫病が流行し、人民が死に絶えようとした。これを憂えた天皇は神託を得ようと床に就いた。すると、夢にオオモノヌシ（大物主神《おおものぬしのかみ》）が現れて、こう告げた。

「疫病は私の意志によるものだ。オオタタネコ（意富多多泥古《おおたたねこ》）に私を祀らせるならば、崇りは収まり、国は平安になるであろう」

そこで天皇は人を遣わしてオオタタネコを捜し、河内《かわち》国の美努《みの》村で見つけ出した。じつは彼は、オオモノヌシが陶津耳命《すえつみみのみこと》（陶工の一族か）の娘イクタマヨリビメ（活《いく》玉依毘売《たまよりびめ》）を妻としてもうけた子の子孫であった。

そして天皇はオオタタネコを神主として御諸山《みもろやま》にオオモノヌシを祀った。また天《あま》つ神《かみ》・国《くに》つ神《かみ》の社《やしろ》を定め、宇陀《うだ》の墨坂《すみさか》（大和の東側と伊勢方面をつなぐ峠）の神と大坂（大和の西側と河内方面を結ぶ峠）の神を楯矛《たてほこ》を献じて祀り、坂や河の神に捧げ物を奉った。

するとこれによって疫病は止み、国は平穏となった〉

文中にある御諸山は、三輪山の異名である。したがって全体としては、疫病が大流行して国が大きく乱れたとき、三輪山のオオモノヌシをその神裔であるオオタタネコによって祀らせたところ、ようやく混乱は収まったという説話になる。オオモノヌシとは「偉大な、精霊《もの》の主」の意だと言われるが、三輪山の麓を拠点とした原始ヤマト王権の守護神のようなものなのだろう。

この説話は、三輪山を御神体としてオオモノヌシを祀る大神神社の本縁譚ともなっているのだが、そのことは、『古事記』がこの続きで回顧風に記す、次のような、オオモノヌシとイクタマヨリビメの幻想的な神婚説話によってより一層明らかとなる。〈オオタタネコがオオモノヌシの神裔であるとわかったのは、次のようなことがあったからである。

その昔、見目麗《みめ》しいイクタマヨリビメのもとに、夜ごと美男子が音もなく突然現れるので、二人は結婚した。すると、さほど時をへずしてヒメが身ごもった。父母があやしむと、ヒメはこう答えた。

「名前も知りませんが、貴く立派な若者が毎夜やってくるうち、いつのまにか身ごもったのです」

その男の素性を知ろうとした父母は、娘に「赤土（呪力をもつ土）を寝床の前に散らし、麻糸を通した針を男の衣の裾に刺しなさい」と教えた。

ヒメはこの教えに従ったが、明け方になって見ると、針に通した麻糸は戸の鉤穴《かぎあな》を通って外に抜け出ていた。糸のあとをたどってゆくと、三輪山（美和山）に至り、神の社《やしろ》の中で止まっていた。

三輪山　標高467メートルで、なだらかな円錐形である

そこで、ヒメが身ごもった子がオオモノヌシの子であるとわかったのである。ヒメのもとには麻糸が三勾《みわ》（三巻分）だけ残ったので、その地は三輪と呼ばれるようになった〉

『古事記』の出雲神話が示唆する三輪山と出雲のつながり

これら一連の説話は、オオモノヌシと三輪山、そして崇神天皇に象徴される原始ヤマト王権が太い絆によって結ばれていることを示し、秀麗な山容をもつ三輪山が、オオモノヌシの坐《いま》す霊山として非常に古い時代から信仰の対象になっていたことをしのばせる。オオモノヌシとは、ヤマト王権の成立以前にまで信仰史をさかのぼる、大和の地主神《じぬしがみ》であろう。

『日本書紀』の三輪山説話ではオオモノヌシは蛇に化身したと書かれており、大神神社では蛇をオオモノヌシの神使または化身として崇めているが、『古事記』説話で、オオモノヌシがヒメのもとから鉤穴を抜けて山に帰ったというくだりは、オオモノヌシが蛇体を有していたことを暗示する。

また『日本書紀』では、オオモノヌシと結ばれた女性はヤマトトトヒモモソビメ

（倭迹迹日百襲姫命《やまとととひももそびめのみこと》）となっている。ヤマトトトヒモモソビメは第七代孝霊天皇の皇女で、崇神朝には巫女として活躍したとされるが、彼女の墓として伝承されてきたのが、磯城エリアの北部付近（纏向《まきむく》）に所在する全長二八〇メートルの前方後円墳、**箸《はし》墓《はか》古墳**（桜井市箸中）だ。古墳の多い三輪山西麓地域でもひときわ目立つ大型古墳で、三世紀中頃～後半の築造と推定されている。強大な権力を前提としなければ築造しえない規模である。

箸墓古墳　纏向地域には他にも発生期の古墳が集中する

　ところで、オオモノヌシ、そして三輪山は、一面では、遠く離れた出雲とも強い結びつきをもっている。というのも、三輪山のオオモノヌシを出雲大社に祀られるオオクニヌシ（大国主神《おおくにぬしのかみ》）と同神とする伝承があるからである。

　しかもそのことは、『古事記』の出雲神話

の箇所に、すでにほのめかされているのだ。

その箇所とは、出雲のオオクニヌシが、常世国《とこよのくに》からやってきたスクナビコナ（少那《すくな》毘古那神《びこなのかみ》）の協力を得て国作りを行う、「国作り神話」の場面——国譲り神話の前段——である。

その場面の要約を記しておこう。

〈国が作り堅められると、スクナビコナは再び常世国に帰ってしまった。そこでオオクニヌシが「この先、私ひとりでどうすれば国作りができようか」と嘆いていると、海を照らしながら近づいてくる神がいて、その神はこう言った。

「私の御魂《みたま》を祀れば、協力して国作りを完成させてあげよう」

オオクニヌシが「どうお祀りすればよいでしょうか」と尋ねると、その神はこう命じた。

「私を、大和の青垣の東の山の上に祀れ」

この神こそ、御諸山（三輪山）の上に鎮座する神である〉

まとめると、出雲のオオクニヌシが国作りを完了できずに困っていると、海（日本海）の向こうから謎の光る神がやって来て、「私を大和の東方の山上に祀るならば協力する」と告げ、やがて大和の三輪山に祀られたというのである。

諸資料が語るオオモノヌシとオオクニヌシのリンク

これは、出雲のオオクニヌシが大和の三輪山に遷し祀られたこと、そして出雲のオオクニヌシと三輪山のオオモノヌシが同神であることを言い表しているとみられている。その理由をいくつか挙げてみると、次のようになる。

①国作り神話に言及する『日本書紀』神代上・第八段一書《あるふみ》第六には、これと類似した説話が記されていて、そこでは、海からやって来た神が、オオアナムチ（大己貴《おおあなむち》命《みこと》。オオクニヌシの別名）に対して「私はおまえの幸魂《さきみたま》・奇魂《くしみたま》である」と告げ、やがて大和の三輪山に祀られている。つまり、海からやって来て国作りを手伝い、三輪山に遷し祀られたのは、オオクニヌシの幸魂・奇魂であった。

②同じく前掲『日本書紀』神代上・第八段一書第六の冒頭には、オオクニヌシ（オオアナムチ）の異名がオオモノヌシであると明記されている（「一書に曰《いわ》く、大国主神、亦は大物主神と名《まお》し、亦は国作大己貴命《くにつくりのおおあなむちのみこと》と号《まお》し」）。つまり、出雲のオオクニヌシは

三輪山のオオモノヌシと同神である。

③古代、出雲大社の祭祀を司る出雲国造《いずものくにのみやつこ》は新任の際に朝廷に参上し『出雲国造神賀詞《かむよごと》』と呼ばれる呪詞を奏上したが、その呪詞の中に、出雲の大穴持命《おおなもちのみこと》（オオクニヌシの別名）が「自分の和魂《にぎみたま》を鏡につけて、大和のオオモノヌシと名を称えて、三輪山に鎮めよ（己命《おのれみこと》の和魂を八咫《やた》の鏡に取り託《つ》けて、倭の大物主櫛𤭖玉命《くしみかたまのみこと》と名を称《たた》へて、大御和《おおみわ》の神奈備《かむなび》に坐《ま》せ）」と言った、とするくだりがある。『出雲国造神賀詞』は七世紀後半には成立していたとみられているが、この言葉は、出雲のオオクニヌシの和魂がオオモノヌシとして三輪山に祀られたことを意味し、両神が同一視されることを示している。

ホムチワケの出雲参詣伝説

これにもう一つ付け加えておきたいのは、『古事記』に記された、第十一代垂仁《すいにん》天皇（崇神天皇皇子）の皇子ホムチワケ（本牟智和気御子《ほむちわけのみこ》）の出雲参詣伝説である。

それによると、誕生後まもなく生母を失ったホムチワケは生まれつき物を言うことができなかった。あるとき、「それは出雲大神（オオクニヌシ）の祟りである」との夢告を得た垂仁天皇は、皇子ホムチワケを出雲参りに向かわせた。そして出雲でオオクニヌシを拝礼すると、不思議なことにホムチワケは口がきけるようになった。ホムチワケが帰京すると天皇はこれを喜び、出雲大社を修繕させたという。

この伝説にもとづき、出雲大社の社殿造営のはじめを垂仁朝に求める説もある。

垂仁天皇は「師木玉垣宮」に宮居《みやい》したと伝えられる天皇で、奈良県桜井市穴師《あなし》付近が宮の伝承地となっている。そこは崇神天皇の「師木水垣宮」の北方で、三輪山の北西麓にあたる場所である。したがって、彼の皇子ホムチワケが神意にもとづいて出雲に詣でたという伝説もまた、三輪山と出雲、オオモノヌシとオオクニヌシの、無視できない結びつきをそれとなくほのめかしているように思える。

三輪山周辺には出雲系の地名が点在

三輪山と出雲のつながりを指し示すものは、他にもまだある。

それは地名である。三輪山の周辺には出雲系の地名が散見されるのだ。

たとえば、三輪山の南麓の初瀬川沿いには「出雲」という地区があり（桜井市出雲、旧出雲村）、その地名は、出雲出身の野見宿禰《のみのすくね》が居住して人形作りを生業《なりわい》としたことにちなむと伝えられている。

野見宿禰は『古事記』には登場しないが、『日本書紀』には垂仁天皇の時代に出雲から大和に召されて当麻蹶速《たぎまのけはや》という勇士と力比べをしてこれを倒したとか（相撲のはじまり）、殉死の代わりに埴輪《はにわ》を作って君主の陵墓に埋めることを進言して容れられ、それを実践した（埴輪の起源）などと伝えられている伝説的人物である。

天皇の葬礼や陵墓などの管理を司った土師《はじ》氏は野見宿禰の後裔と伝えられ、また、『新撰姓氏録《しんせんしょうじろく》』（八一五年成立）という古代氏族の系譜集によれば、野見宿禰はアメノホヒ（天穂日命《あめのほひのみこと》）の神裔であるという。アメノホヒは出雲国造として出雲大社を司った出雲氏（出雲臣《いずものおみ》）の祖神である。

桜井市辻（三輪山の北西麓）や、茅原《ちわら》と呼ばれる大神神社の摂社狭井《さい》神社の近く（三輪山の西麓）、巻向川上流付近の新車谷（三輪山の北麓）には、それぞれ「出雲屋敷」と呼ばれた集落があった。そこは出雲出身の人びとの居所だったのだろうか。

このような三輪山周辺にみられる出雲の痕跡にふれると、次のような想像にも駆られる。

往古、国譲り神話が暗喩するような、大和の勢力が出雲を制圧して支配下に置くという事件があり、そのことに連動して出雲の住民の一部が大挙して大和へ移住し（移住させられ）、三輪山の周辺に住み着くというようなことがあったのではないだろうか。そしてそのとき彼らは、三輪山の神であるオオモノヌシを、故郷の神であるオオクニヌシと重ね合わせて奉じることで、新天地での生活を安定させようとしたのではないだろうか。

ところが、これとは全く逆に、三輪山周辺の出雲の痕跡を、出雲勢力が早くから（ヤマト王権成立以前から）大和に進出していたことの証しとみる立場もある。

歴史学者の村井康彦氏は、女王卑弥呼《ひみこ》が治めた邪馬台国《やまたいこく》とは大和に進出した出雲系氏族の連合によって成立した王朝であり、その邪馬台国の終焉後に大和に誕生したのが大和朝廷（ヤマト王権）であると主張している（『出雲と大和』）。ユニークな見方である。

もしこの見解が正しければ、国譲り神話の舞台となっている出雲とは、山陰の出雲ではなく、大和の出雲ということになろう。

三輪山と出雲――その関係の謎を解くことは、初期ヤマト王権成立の謎を解く糸口ともなるはずである。

深掘り『古事記』③

『古事記』と伊勢神宮の謎

伊勢神宮は天皇家の祖先神であるアマテラス（天照大御神《あまてらすおおみかみ》）を祀る、最も格式の高い神社だ。ならばその創祀伝承は当然『古事記』に書かれてあるはずだと誰しもが思うところだろう。ところが、意外にも『古事記』には伊勢神宮の始原に関する記述がない。『古事記』の文脈では伊勢神宮はいつのまにやら存在していることになっていて、創祀の経緯が書かれていないのだ。

しかし『日本書紀』にははっきり書かれてあって、それは伊勢神宮に関する最古の縁起《えんぎ》伝承となっている。正確に言うと、それは伊勢神宮の中の内宮《ないくう》に関する縁起伝承で、第十代崇神《すじん》天皇と第十一代垂仁《すいにん》天皇の章に記されている。その内容をまとめると、およそ次のようになる。

「アマテラスの御霊代《みたましろ》である八咫鏡《やたのかがみ》は神武《じんむ》天皇以来、宮中に祀られていたが、その霊威を畏れるあまり宮中から離して祀られることになった。そして、まず崇神天皇皇女のトヨスキイリビメ（豊鍬入姫命《とよすきいりびめのみこと》）によって大和の笠縫邑《かさぬいのむら》に遷され、次の御世では神鏡は垂仁天皇皇女のヤマトヒメ（倭姫命《やまとひめのみこと》）に託された。ヤマトヒメはアマテラスの鎮座地を求めて遍歴し、最後は伊勢国に至り、神託に従って祠《やしろ》を建てた」

この伊勢に建てられた「祠」が伊勢神宮（内宮）のはじまりになったのだという。これはあくまで伝承だが、皇祖神アマテラスが天皇の宮殿には祀られず、大和朝廷からすると東の僻地ともいえる伊勢の地に祀られていることの理由を明示する、わかりやすい説話となっていることに注目したい。

崇神天皇　『御歴代百廿一天皇御尊影』より（国立国会図書館）

ところが『古事記』を見ると、崇神天皇や垂仁天皇の章にこのようなドラマチックな伊勢神宮の鎮座伝承は書かれていない。各天皇の后妃や皇子女を列挙する箇所の、トヨスキイリビメとヤマトヒメの名前の下に、それぞれ割注という形で「伊勢の大神の宮を拝《いわ》ひ祭りき」と書かれているにすぎない。

なぜ『古事記』は伊勢神宮の鎮座伝承を省いたのだろうか。『古事記』が天皇家の由来や権威を説くことを主要な目的としていたのであれば、これははなはだ奇妙なことである。

可能性の一つとして、次のような論は成り立たないだろうか。

『日本書紀』の編纂時期には伊勢神宮の鎮座伝承は成立していたが、『古事記』の編纂時期にはまだ明確には成立していなかった。そのため、『古事記』は伊勢神宮のはじまりについてはっきり書くことができなかった」

そもそも伊勢が古くから天皇家とゆかりの深い聖地であったのならば、高天原《たかまのはら》を発った天孫は九州の高千穂《たかちほ》ではなく、伊勢に降臨してもよさそうなものだ。だがそうはなっていないところに、皇室と伊勢の関係の微妙さがみられる。

こうした問題は、伊勢神宮の真の歴史的起源はいつなのか、アマテラスへの信仰は歴史的にはいつからはじまったのかという厄介で難しい問題とも関わってくる。伊勢と皇室のつながりの謎を解く重要な手掛かりも、『古事記』には潜んでいるのだろう。

伊勢神宮・内宮へと続く宇治橋　内宮は五十鈴川のほとりに鎮まる

第4章

古代天皇の足跡II

悲劇の英雄伝説
ヤマトタケルと東国
——東日本に点在する伝承地を読み解く

西征と東征でがらりと変わるヤマトタケルの相貌

『古事記』の中でも最もドラマチックで、かつ叙事詩的な物語は、英雄ヤマトタケルの遠征譚ではないだろうか。

ヤマトタケルは『古事記』では倭建命《やまとたけるのみこと》、『日本書紀』では日本武尊《やまとたけるのみこと》と書かれる。『古事記』によれば、纏向日代宮《まきむくのひしろのみや》を営んだ第十二代景行《けいこう》天皇の皇子で、母は皇后のハリマノイナビノオオイラツメ（針間之伊那毘能大郎女《はりまのいなびのおおいらつめ》）。幼名をオウス（小碓《おうすの》命《みこと》）、またはヤマトオグナ（倭男具那命《やまとおぐなのみこと》）と言い、オオウス（大碓命《おおうすのみこと》）という名の兄がいた。『日本書紀』はこの兄弟を双子としている。

宮都の纏向日代宮は奈良県桜井市穴師《あなし》付近が伝承地で、前代垂仁《すいにん》帝の師木玉垣宮《しきのたまがきのみや》からやや東の地点であり、三輪山《みわやま》の北西麓にあたる場所である。つまり、三輪山の麓がヤマトタケルの故郷ということになる。

纏向日代宮伝承地　景行天皇が政務を執った地として石碑が立つ

ヤマトタケルの遠征譚は、大きくは、九州と出雲を舞台とする西征と、東海や関東などを舞台とする東征の二つに分けられる。

ただし『古事記』は、東征に比して、西征のルートや具体的な場所についてはあまり細かく触れていない。その代わり西征伝説で印象的なのは、ヤマトタケルが、いとも簡単に人を殺め、非情ともいえるほどに猛々しい梟雄として描かれている点である。

そもそも彼が西征の途についたのは、大《おお》御食《みけ》の儀への出仕を怠った兄オオウスを惨殺するというヤマトタケルの凶暴さに天皇

ヤマトタケル　白鳥伝説のある大鳥神社に立つ像（大阪府堺市）

が恐れを抱き、彼を遠ざけようと、九州の熊曾《くまそ》征伐に送り出したからだった。

ちなみにヤマトタケルという名は、彼が南九州の首長であった熊曾建《たける》兄弟を不意打ちして殺そうとしたとき、その弟の方から「大《おお》倭国《やまとのくに》には我ら二人より勇敢な男がいた。ならば我が名を奉ろう。今よりのちは倭《やまと》建《たけるの》御子《みこ》と称えよう」と言われたことに由来している。つまりタケルとは、賊将から服属の証しとして献じられた名前であった。

そして、このようなドロドロとした西征物語は、天皇がその過度な勇猛を恐れ、なかば追放のようなかたちで、帰京後のヤマトタケルをただちに東征へと仕向けることの伏線になっているのだ。

ところが、東征になると『古事記』は一転してきわめて人間的なヤマトタケル像を強調し、浪漫的な物語が展開するのだ。しかも、そこには具体的な地名が次々に登場して、タケルの遠征にリアリティを付与しようとしている。

以下では、そんな伝説の舞台を紹介しながら、ヤマトタケルの東国平定の道のりをたどってみたい。

伊勢神宮に詣でてヤマトヒメから剣を授かる

西征からの帰還後、すぐさま景行天皇から「東国の荒ぶる神、まつろわぬ者どもを従わせ平定せよ（言向《ことむ》け和平《やわ》せ）」と命じられたヤマトタケルは、ふたたび纏向日代宮を発った。「言向け和平せ」とは、「武力ではなく、言葉によって従わせる」というのが本意である。

東国へ向かったヤマトタケルは、まず「伊勢大御神宮《いせのおおみかみのみや》」、すなわち**伊勢神宮**を詣でる。伊勢神宮にはアマテラスを祀る**内宮**《ないくう》（皇大神宮《こうたいじんぐう》／三重県伊勢市宇治館町）と、豊受大神《とようけのおおかみ》を祀る**外宮**《げくう》（豊受大神宮《とようけだいじんぐう》／伊勢市豊川町）があるが、ここでヤマトタケルが訪れたのは、先んじて成立した内宮とみるべきだろう。

前章のコラムに付記したが（186ページ）、じつは『古事記』には、伊勢神宮の創祀

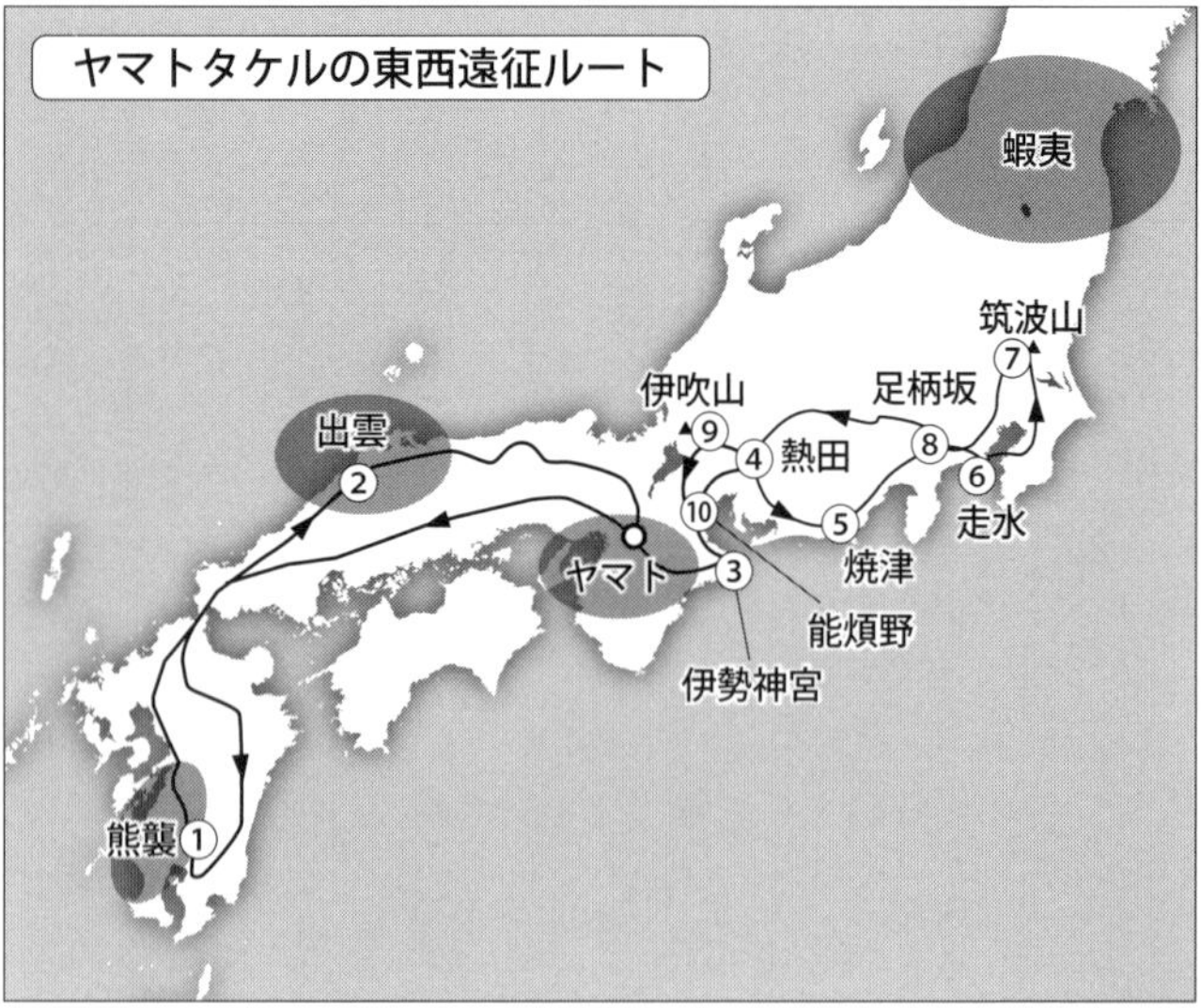

について明確な記載がない。『古事記』においては、景行朝の記事に、すでに建てられていたものとして唐突に伊勢神宮が登場してくるのである。

　そしてそこには叔母のヤマトヒメ（倭《やまと》比《ひ》売命《めのみこと》。垂仁天皇の皇女）がいた。ヤマトタケルが「天皇（父）は、私など死んでしまえと思っているのです」と泣きながら天皇から疎まれていることを嘆くと、ヤマトヒメは彼に草薙《くさなぎの》剣《つるぎ》を授け、さらに一つの袋を渡して、「もし火急のことがあったら、この袋を開けなさい」と伝える。袋の中には火打石が入っているのだが、この時点ではヤマトタケルはそのことを知らない。

伊勢神宮で主祭神アマテラスに奉仕した皇女・女王を「斎宮《さいくう》」または「斎王《さいおう》」と呼ぶが、ヤマトヒメはその二代目に位置づけられている（初代は崇神《すじん》天皇皇女のトヨスキイリビメ〈豊鍬入姫命《とよすきいりびめのみこと》〉）。

斎王宮跡　斎宮が執務した場所。伊勢神宮からは15キロほど離れている（三重県多気郡明和町）

また、ヤマトヒメがヤマトタケルに授けた草薙剣は、もとはスサノオ（須佐之男命《すさのおのみこと》）が斬り殺したヤマタノオロチの尾から取り出された霊剣で、『古事記』では、スサノオから高天原《たかまのはら》のアマテラス（天照大御神《あまてらすおおみかみ》）に献じられ、さらに天孫降臨のときにアマテラスからニニギ（邇邇芸命《ににぎのみこと》）に授けられたことになっている。その霊剣がいつのまにか伊勢神宮に遷し置かれていたらしいのだが、この経緯を『古事記』は何ら説明していない（『日本書紀』もほぼ同様）。だが後世の伝説（鎌倉時代中期編纂と考えられる『倭姫命世記《やまとひめのみことせいき》』など）では、草薙剣はアマテラスの御霊代《みたましろ》である八咫鏡《やたのかがみ》とともに宮中に置かれていたが、崇神天皇から垂仁天皇にかけての時代にトヨスキイリビメとヤマトヒメの手によって八咫鏡が伊勢に遷された際に、一緒に奉遷されたということになっている。

もっとも、草薙剣が伊勢神宮に安置されていたという伝承が本来主張したかったのは、ヤマトタケルが東征に際して授かった剣は、皇祖神を祀る伊勢神宮の霊威を帯びた崇高な霊剣である、ということだったのではないだろうか。

東海に残るヤマトタケル伝承の異相

伊勢神宮を発ったヤマトタケルは、尾張国造《おわりのくにのみやつこ》（尾張国〔愛知県西部〕の首長）の祖であるミヤズヒメ（美夜受比売《みやずひめ》）の家に入り、彼女と婚約する。

ミヤズヒメは『日本書紀』では尾張氏（尾張国造）の娘と説明されている女性で、のちに明らかとなるが、このくだりは、草薙剣を佩《は》いたヤマトタケルが東征をはたしたのち、再び尾張のミヤズヒメのもとに戻って来ることの伏線となっている。

ミヤズヒメとの婚約後、ヤマトタケルは荒ぶる神、まつろわぬ者たちを服従させながらさらに東へ向かい、相模《さがみ》国（神奈川県）に至るが、このときその地の豪族に騙されて野火に囲まれてしまい、焼死の危機に陥る。

この危機を救ったのが、ヤマトヒメから授かった袋と草薙剣であった。まずヤマトタケルは、ヤマトヒメに「火急のときは開けなさい」と言われていた袋のことを思い出し、その袋の口を解くと、中には火打石が入っていた。そこで彼は草薙剣で草を薙ぎはらったうえで、火打石で向かい火をつけた。そして野火を退け、火攻めを脱し、賊を倒したのである。これは「草薙剣」という名称の起源説話ともなっている。

草薙剣をもつヤマトタケル　歌川国芳画「日本武尊」（国立国会図書館）

そして『古事記』は、ヤマトタケルが火難に遭った相模のこの地はこの出来事にちなんで「焼遺《やきつ》」と呼ばれるようになった、と記す。現在の焼津《やいづ》市である。

ただし、焼津市は静岡県、つまり旧駿河《するが》国に所在するので、これを相模国の地名とする『古事記』の説明には矛盾がある。他方、『日本書紀』はこの場面を駿河に至ったときのこととして記している（景行天皇四十年条）。現に静岡県には、ヤマトタケル火難の伝承地として、**焼津神社**（焼津市焼津）や**草薙《くさなぎ》神社**（静岡市清水区草薙）が鎮座している。

草薙神社　天皇原の西の地にあったものが遷されたという

焼津神社は式内社《しきないしゃ》で、社伝では創建を反正《はんぜい》天皇四年（五世紀頃）とし、ヤマトタケルを主祭神としている。記紀では、火難に遭ったヤマトタケルが向かい火をつけて賊を焼き滅ぼしたので、「焼遺（焼津）」と名づけられたことになっているが、この地名は「焼ける海辺」「焼ける船着き場」の意ではないかとする説もある。焼津市一帯が天然ガスの埋蔵地で、古代には地下から噴出するガスに野焼きの火や落雷の火が燃えうつるようなことがあったからでは、というのがその根拠である。

もう一つの伝承地である草薙神社も式内社で、ヤマトタケルを祀り、創建は景行天皇の時代と伝えられている。また清水市山切《やまきり》には**久佐奈岐《くさなぎ》神社**が鎮座し、こちらもヤマトタケルを祀り、古い由緒を伝えている。

このようなことからすると、こうした社名や地名はまさしく草薙剣にちなんだものだと思いたいところだが、北陸や飛騨などの方言で焼畑のことをナギと呼ぶことから、クサナギという語に焼畑農業との関連をみる説もある。つまり、クサナギという社名・地名は、ヤマトタケル伝承とは無関係に成立していて、それを伝説的な皇子将軍と結びつけて説話化したのがヤマトタケル東征伝説なのだとする立場である。もしそうだとすれば、ヤマトタケルの火難伝承は焼畑系文化をもった東国豪族による大和勢力への抵抗を象徴的に語ったものだ、という見方も成り立つ。

その昔、駿河国では、ヤマトタケルがそうしたように、火打石で火をつける焼畑や野焼きの光景がみられたのだろうか。

オトタチバナの悲劇を伝える東京湾岸の古社

火難を逃れたヤマトタケルは、さらに東をめざして、相模の走水海《はしりみずのうみ》を渡る。この

走水神社　ヤマトタケルの冠を石櫃に納め、その上に社を建てたと伝えられる

とき荒波に阻まれるが、付き従っていた后のオトタチバナヒメ（弟橘《おとたちばな》比売命《ひめのみこと》）が、ヤマトタケルに代わってすすんで我が身を海へ投げ入れて海神の怒りを鎮めたので、無事に房総半島に渡ることができた。このあたりは、ヤマトタケル伝説のなかでも屈指の名場面である。

　走水海は三浦半島と房総半島の間に横たわる浦賀《うらが》水道のこととされている。三浦半島側の横須賀市走水には、ヤマトタケルとオトタチバナヒメを祀る**走水《はしりみず》神社**が鎮座している。走水神社の創祀は不詳だが、ヤマトタケルはこの辺りから房総に渡海したと伝えられている。

　また、祭神のうち、オトタチバナヒメの方は当初は御所ヶ崎《ごしょがさき》という近くにある小さな岬に鎮座する橘《たちばな》神社に祀られていたが、明治期にそこが軍用地になったので、走水神社に合祀されたのだという。植物としてのタチバナは古代日本の柑橘類の総称（コウジミカンの古名）で、黄色に輝く実をつける常緑樹であることから、生命力を象徴する聖樹ともみなされた。オトタチバナヒメはこの聖樹の神格化という一面もそなえているのではないだろうか。

吾妻神社（富津） 西大和田と絹地区の境近くに立つ小さな山の西側斜面に鎮座する

走水神社は海を一望できる小丘の上にある。対岸の房総は目と鼻の先だ。

ところで、海神への人身御供《ひとみごくう》となったオトタチバナヒメは海に沈んだが、その七日後、海辺に彼女の櫛《くし》が流れ着いた。ヤマトタケルはその櫛を拾い、御陵《みはか》を築いてその中に収め置いた――と『古事記』は記しているが、走水神社対岸の千葉県富津《ふっつ》市西大和田に鎮座する吾妻《あづま》神社は、その御陵と伝承される地のひとつである。
木更津《きさらづ》市吾妻の**吾妻神社**も伝承地のひとつで、こちらでは、流れ着いたのはオトタチバナヒメの櫛ではなく、着物の袖だったことになっている。木更津市の北隣は袖ヶ《そでが》浦《うら》市で、かつては東京湾の東側一帯、船橋から木更津にかけての沿岸を袖ヶ浦と称したが、この神社縁起は袖ヶ浦の地名起源説話ともなっている。

常陸では天皇として語られたヤマトタケル

これらの他にも、東京湾岸や相模湾岸、そしてその周辺にはオトタチバナヒメ、ヤマトタケルを祭神として「吾妻」を冠する神社が点在しているが、「吾妻」という言葉の由来も、じつは『古事記』に記されている。

オトタチバナヒメの入水後、東国平定を終えて都に帰ろうとしたヤマトタケルは、足柄《あしがら》の坂を登ったとき、亡き妻オトタチバナヒメを偲んで、「あづまはや」と嘆いた。「我が妻（吾妻）よ、ああ」というようなニュアンスである。さらに『古事記』は、関東地方が「東国《あづま》」と呼ばれるようになったのはこのことに由来すると説明している。「吾妻（東国）」という地域名には、ヤマトタケルの愛妻への思慕がこめられているというわけである。

「足柄の坂」は、現在の神奈川県と静岡県の境にある標高七五九メートルの足柄峠のことで、箱根山塊を越える際に通る、古くからの交通の要衝である。ただし『日本書紀』では、ヤマトタケルが妻を偲んだ地は、群馬県と長野県の境にある碓氷《うすい》峠になっている。

さて、足柄峠を越えたヤマトタケルは甲斐《かい》国（山梨県）に入り、酒折宮《さかおりのみや》に滞在した。

酒折宮は甲府市酒折町付近に比定され、この地にはヤマトタケルを祀る**酒折宮**（**酒折神社**）が鎮座している。

『古事記』によれば、ヤマトタケルが酒折宮で休息した夜、「新治《にいばり》　筑波《つくは》を過ぎて　幾夜か寝つる」（新治や筑波の地を過ぎてから幾夜寝ただろうか）と歌うと、篝火《かがりび》を守る老人は

酒折宮　山梨県で唯一『記紀』に記述のある古社である

「かがなべて、夜《よ》には九夜《ここのよ》　日には十日《とおか》を」（日数を重ねて、九夜十日になります）と歌って応じた。するとヤマトタケルはこの老人を誉めて、東国造《あずまのくにのみやつこ》に任じたという。前記した酒折神社の神官を世襲した飯田氏は、東国造に任じられたこの老人の後裔と伝えられていた。

ところで、ヤマトタケルの歌に言及される新治や筑波は、常陸国《ひたち》（茨城県北東部）の地名なので、ヤマトタケルの東征は、『古事記』では、その辺りを終点として引き返したことになる。

和銅六年（七一三）の『風土記《ふどき》』編纂の官命が出されてからさほど年数を経ないうちに成立したと推測されている『常陸国風土記』には、ヤマトタケルの巡行説話が散見されるが、興味深いことに、そこでは彼は「倭武《やまとたける》天皇」と記されていて、また、走水海に入水したはずのオトタチバナヒメが「橘皇后」として登場し、海へ漁に出ている（多珂《たか》郡飽田《あきた》村）。

常陸国では、ヤマトタケルは、皇子ではなく天皇の系譜に位置づけられて伝承されていたのである。

伊吹山で遭難し、能煩野で亡くなって白鳥と化す

熱田神宮　草薙剣は鎮座後に盗難に遭ったり、形代が壇ノ浦の戦いで遺失するなどしている

話を『古事記』に戻すと、甲斐国を出たヤマトタケルは信濃《しなの》国（長野県）をへて尾張国に帰還し、婚約していたミヤズヒメと結婚。だがその後、ヒメのもとに草薙剣を置いて伊吹山《いぶきやま》の神を退治しに出かけると、運命が暗転しはじめる。

『古事記』ははっきりと記してはいないが、霊験《れいげん》のある草薙剣が尾張のミヤズヒメのもとに預けられたというくだりは、ミヤズヒメを遠祖とする尾張氏が奉斎する**熱田《あつた》神宮**（名古屋市熱田区）に草薙剣が祀られていることの由来をそれとなく語っている。熱田神宮に伝わる古縁起『尾張国熱田太神宮縁

起』によれば、ミヤズヒメが夫ヤマトタケルの形見である草薙剣を熱田の地に祀ったのが、熱田神宮のはじまりであるという。

次に、伊吹山の神退治以下の展開を要約して記してみよう。

〈伊吹山に登ったヤマトタケルは、山の神が降らせた激しい氷雨に遭って惑わされた。山を下りて玉倉部《たまくらべ》の清泉《しみず》（居寤《いさめ》の清泉）にたどりついて休むと、正気に戻って再び歩きはじめるが、当芸野《たぎの》を通るころから足が病みはじめ、やがて杖をつかなければ歩けないほどになってしまった。

杖衝坂《つえつきさか》、尾津《おつ》、三重《みえ》をへて能煩野《のぼの》にまでたどり着くと、故郷を偲んで歌いはじめた。

「倭《やまと》は　国のまほろば　たたなづく　青垣《あおかき》　山隠《やまごも》れる　倭しうるはし」（倭はすばらしい国だ。青い垣根が重なりあっているように、山々に囲まれている大和はほんとうに美しい国だ）

だが、歌い終わると病状は急変して危篤となり、ついには亡くなってしまった。

ヤマトタケルの死が伝えらえると、大和から后や御子たちが能煩野にやって来て御《み》陵《はか》を作り、死を悼んだ。

するとヤマトタケルは大きな白鳥に化身し、天高く飛んでいった。

后と御子たちがその後を追ってゆくと、白鳥は河内国《かわち》の志幾《しき》に留まった。そこに御陵（白鳥御陵《しらとりのみささぎ》）が作られると、白鳥は再び天高く飛んでいった〉

軽里大塚古墳 古市古墳群の1つで、全長約190メートル

三つもあるヤマトタケルの墓

滋賀と岐阜の県境にそびえる伊吹山をはじめとして、彷徨するヤマトタケルのルートには、現在の滋賀県から岐阜県、三重県にいたる地域の地名・古地名が列挙されている。

終焉の地である能煩野は三重県鈴鹿市と亀山市にまたがる高原地帯に比定されているが、ヤマトタケル関連の旧跡が多く、亀山市田村町には宮内庁によってヤマトタケルの墓に治定されている**能褒野墓《のぼののはか》**がある。

かつては王塚と呼ばれていた古墳（前方後

円墳）で、ヤマトタケルの墓とする伝承があったことから明治時代に宮内省によってヤマトタケル墓に指定された。

「河内の志幾」に作られた「白鳥御陵」には、大阪府羽曳野《はびきの》市軽里《かるさと》にある前方後円墳の**軽里大塚古墳**が宮内庁によって治定されている。なお、「陵」は天皇・皇后の墓をさす言葉だが、『古事記』も『日本書紀』も、ヤマトタケルに対しては「陵」の語を用い、彼を天皇に準じて扱っている。

『日本書紀』には、大和の琴弾原《ことひきはら》にもヤマトタケルの陵がつくられたとあり、奈良県御所《ごせ》市冨田《とみた》にはこれに治定されている古墳（**日本武尊琴弾原白鳥陵**《ことひきのはらしらとりのみささぎ》）がある。

ヤマトタケルには古代各地の英雄像が集約されている

ヤマトタケルは歴史的に実在した人物ではなく、あくまで伝説上の人物とみるのが現在では通説となっている。能褒野墓の古墳や軽里大塚古墳は、築造は五～六世紀とみられているので、現実の被葬者はヤマトタケルとは別に考えるのが適切だろう。

一方で、ヤマトタケルという人物像を、古代日本で活躍した各地の英雄を集約したものととらえる見方もある。それは、各地の勇者（タケル）にまつわる伝承や説話に、皇室や尾張の神剣伝承・霊剣伝承などが組み合わされて、ヤマトタケルという皇子将軍を主人公とした、一つの壮大な叙事詩が形成されていったのではないか、ということである。彼の遠征譚に東西日本の具体的な地名が次々に登場することは、この見立てを補強してくれる。

しかし、仮にヤマトタケルが架空の人物であったとしても、ある時代からは彼は明確に歴史的人物として人びとに記憶されるようになっていた。

『続日本紀《しょくにほんぎ》』の大宝《たいほう》二年（七〇二）八月八日条には、ヤマトタケルの墓に落雷があったため、文武《もんむ》天皇は勅使を遣わしてこれを祀らせた、という記事がある。

この「墓」が、複数伝えられているヤマトタケルの墓のうちのどれをさしているのかは不明だが、八世紀初頭の時点では、ヤマトタケルが葬られているとされる墓が確実に存在し、朝廷の祭祀の対象となっていたわけである。

そしてその墓への落雷は、偉大な皇子将軍の霊威の鳴動と関連づけられて畏れられたのである。

伝説と史実の狭間

神功皇后と九州・新羅

——壮大な遠征伝説の陰影をたどる

新羅の血を引いていた神功皇后

もしヤマトタケル（倭建命《やまとたけるのみこと》）が無事に東征を終えて帰還していれば、父景行《けいこう》天皇の崩御後、皇位は彼にまわっていただろう。しかし、ヤマトタケルは伊吹山の神の毒気にあてられて非命に倒れてしまった。そのために皇位は、ヤマトタケルの異母弟であるワカタラシヒコ（若帯日子命《わかたらしひこのみこと》）が継いで第十三代成務《せいむ》天皇となり、近江《おうみ》の志《し》賀《が》に高穴穂宮《たかあなほのみや》（滋賀県大津市坂本穴太《あのう》）を営んだ。

しかし成務天皇の次は、ヤマトタケルの子であるタラシナカツヒコ（帯中津日子《たらしなかつひこの》命《みこと》）が皇位を継いで、仲哀《ちゅうあい》天皇となる。『古事記』は、成務天皇にワカヌケ（和訶奴《わかぬ》気王《けのおおきみ》）という一子がいたと記しているが、『日本書紀』の方は、成務天皇は皇子に恵まれなかったと書いている。

いずれにせよ、仲哀天皇にいたってはじめて、皇位は親から子へという直系ではなく、おじから甥へと、傍系によって継承されたのである。

そしてこの仲哀天皇の皇后が、海を渡って朝鮮半島の新羅《しらぎ》を征討したという遠征伝説で知られる神功《じんぐう》皇后なのである。

古代天皇系図②

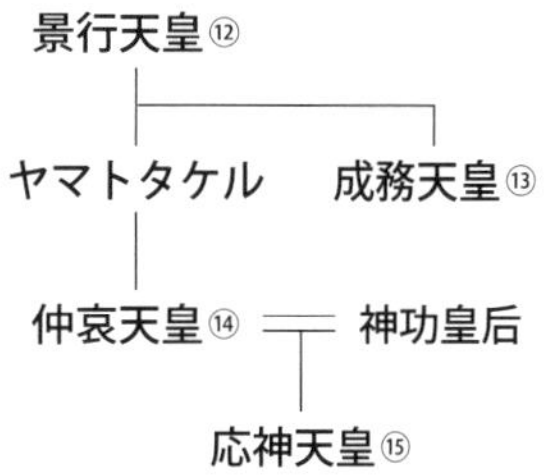

〇数字は天皇代数

神功皇后は別名をオキナガタラシヒメ（息長《おきなが》帯日売命《たらしひめのみこと》）と言い、その出自（もしくは神功皇后伝説の淵源）は琵琶湖北岸の「息長《おきなが》」を本拠とした豪族息長氏と関係があると考えられている。彼女の母方の一族は、『古事記』にもとづけば、新羅から日本に渡来したアメノヒボコ（天之日矛《あめのひぼこ》）の子孫である。

つまり、新羅親征をはたした神功皇后は、新羅人の血をひく女性であった。

夫の急死後、神託に従って新羅を親征した神功皇后

『古事記』は、仲哀天皇は穴門《あなと》の豊浦宮《とよらのみや》（山口県下関市長府宮の内町の**忌宮神社**《いみのみや》が伝承地）と筑紫の訶志比宮《かしひのみや》（**香椎宮**《かしいぐう》／福岡市東区香椎）で天下を治めたと、ごく簡単に記す。しかし『日本書紀』はこの間の流れを次のように詳述している。

神功皇后を立后した天皇は（おそらく当初は近江の高穴穂宮にいたと思われる）、角鹿《つぬが》の笥飯宮《けひのみや》（福井県敦賀《つるが》市曙町の**気比**《けひ》**神宮**）に遷り、次に紀伊国の徳勒津宮《ところつのみや》（和歌山市）に遷った。しかし、ここで九州の熊襲《くまそ》（熊曾）が背いたことを知ると、天皇は穴門《あなと》（山口県）に向かった。そして角鹿にいた皇后を呼び寄せ、穴門の豊浦宮をつくり、さらにそこから筑紫《つくし》に行幸して、橿日宮《かしひのみや》（訶志比宮、

香椎宮古宮跡　仲哀天皇が営んだ橿日宮の伝承地である

香椎宮）に滞在した。

ここで『古事記』に話を戻し、訶志比宮以降の、新羅《しらぎ》親征にまつわる物語のあらすじを紹介しておこう。

神功皇后　月岡芳年画「大日本史略図会 第十五代神功皇后」（国立国会図書館）

〈熊曾討伐のために仲哀天皇と神功皇后が訶志比宮に滞在していたとき、神功皇后が神憑《かみがか》りし、大臣タケウチノスクネ（建内宿禰《たけうちのすくね》）を審神者《さにわ》（霊媒）として、こう神託があった。

「西の方に珍宝に満ちた国がある。この国を服属させておまえに授けよう」

ところが、天皇は「西方を見ても国など見えず、ただ海が広がっているだけだ」と言って神の言葉を信じなかった。すると、神の激しい怒りにふれ、天皇は急逝してしまった。

皇后たちはこれに恐れ、国をあげて大祓《おおはらえ》を行ってから再び神託を求めると、神は「この国はおまえ（神

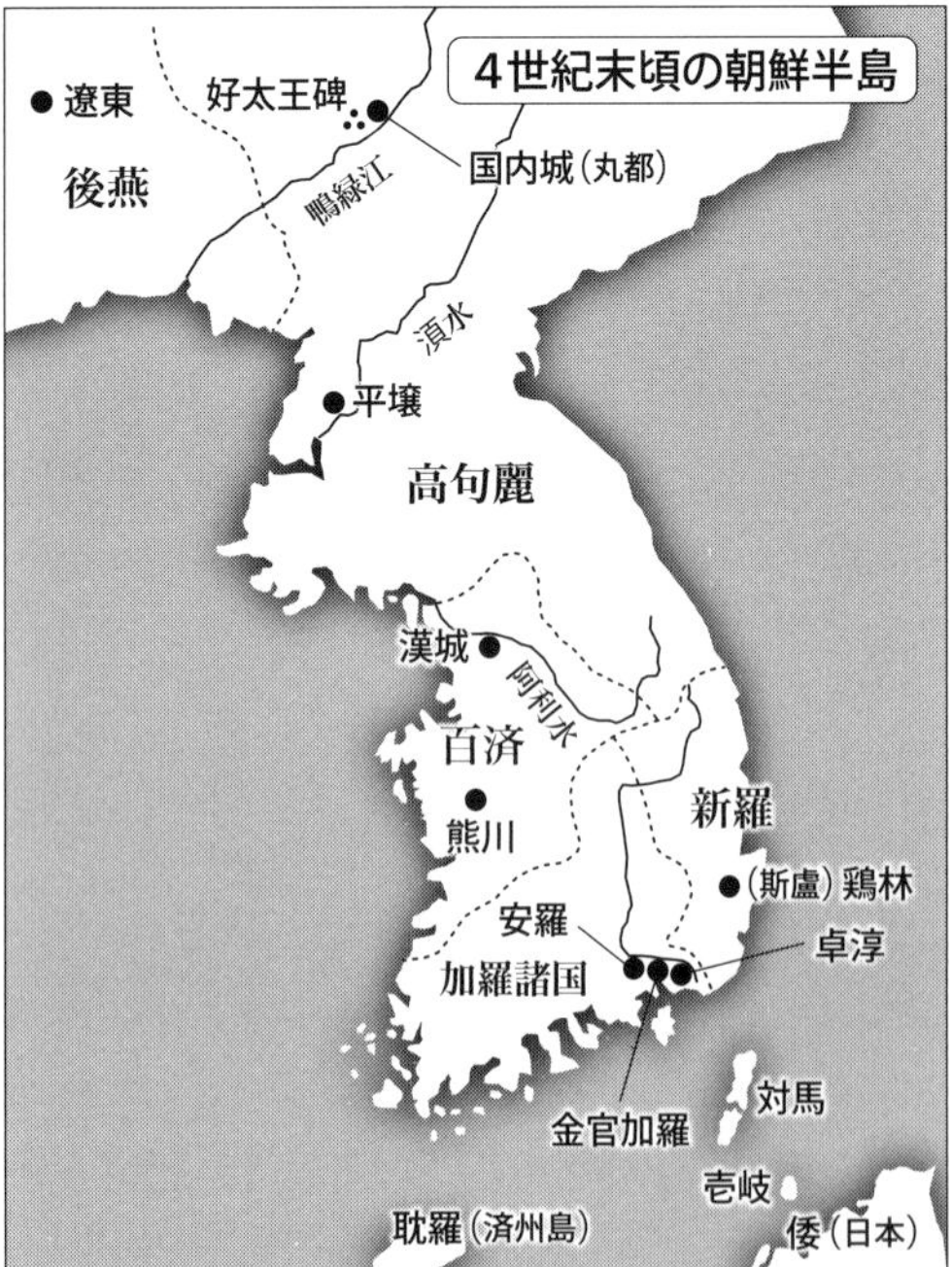

功皇后）のお腹にいる御子が治めるだろう」と告げ、さらにタケウチノスクネが神の名を尋ねると、その神は自分が墨《すみの》江大神《えのおおかみ》（底箇男《そこつつのお》・中箇男《なかつつのお》・上箇男《うわつつのお》の住吉《すみよし》三神）であること、神託がアマテラス（天照大御神《あまてらすおおみかみ》）の御心であることを明かし、「西方の国を求めたいなら、神々に幣帛《へいはく》を奉り、我が御魂《みたま》を船に鎮め、海神の霊を鎮める呪術をして渡りなさい」と教え諭した。
皇后は神の教えのとおりに行い、軍を整えて出航する。すると追い風が吹いて船は進み、朝鮮半島に上陸すると、新羅の国王をただちに降伏させることができ、また

百済《くだら》（新羅の隣国）も支配下に置くことができた。

そして皇后は杖を新羅王の門に突き立てて墨江大神の荒御魂《あらみたま》を祀り鎮めると、日本へ帰還した〉

朝鮮出兵は伝説か、それとも史実か

神功皇后は『日本書紀』の紀年に従えば三世紀頃に活躍した女性で、夫仲哀天皇の急逝後、皇太子（応神天皇《おうじんてんのう》）が即位するまでの間、摂政《せっしょう》として臨時に政務を執ったとも伝えられている。

しかし神功皇后については、実在の人物ではなく伝説上のヒロインとみる説が現在では目立ち、その場合は、彼女が主導したという新羅親征（新羅征討）についても、史実ではなく伝説だろうということになる。

しかし、何らかの史実が神功皇后の新羅親征伝説のモデルになったのではないか、と見る向きもある。

この見方のヒントとなっているのは『日本書紀』にみえる、神功皇后の二度目の新羅征討である。じつは、『日本書紀』によれば、神功皇后は自ら新羅を親征して日本に帰還して摂政となったのちにも、再度新羅遠征を行っている。もっとも二度目の遠征は彼女の命令のもとで行われたもので、本人が朝鮮半島に赴いたわけではない。

その遠征の経過は、「神功皇后摂政紀」四十六年条から同五十二年条にかけての、朝鮮半島との外交記事にみることができる。それによると、日本と友好的な関係にあった百済を新羅が貶めようとしたため、神功皇后と皇太子は新羅征討を命じ、朝鮮半島に派兵した。そして日本軍は新羅を撃ち破り、朝鮮半島南部の七つの小国（いわゆる加羅《から》諸国）を平定し、また済州島《さいしゅうとう》を服属させ、それらを百済に割譲したという。

このあたりの記事は具体的な地名がいくつも挙げられ、こと細かに書かれており、いかにも作り話めいた雰囲気をもつ神功皇后の新羅親征と違って、史料のもつリアリティを感じさせる。

歴史学者の若井敏明氏はこれらの記述の年代を四世紀後半ととらえ、実際にこの時期にヤマト政権によって朝鮮出兵が行われたのであり、その史実を潤色してまとめられたのが、皇后の新羅親征伝説（一回目の新羅征討）なのではないか、と指摘している（『「神話」から読み直す古代天皇史』）。

四世紀後半に日本が朝鮮半島問題と深く関わっていた可能性を示すものは、これ以外にもある。

『日本書紀』の前出「神功皇后摂政紀」五十二年条には、百済の近肖古王《きんしょうこおう》から「七枝刀《ななさやのたち》」をはじめとする重宝が献上されたという記事がある。七枝刀は奈良県天理市の石上神宮《いそのかみ》に社宝として伝えられている七支刀《しちしとう》のことと考えられており、その刀身には「泰□四年」という年代を記した象嵌銘《ぞうがんめい》がある。「泰□」をめぐっては諸説があるが、有力と思われるものに中国・東晋《とうしん》の年号「泰和《たいわ》（太和）」にあてる説があり、泰和四年は西暦三六九年にあたる。ちなみに、近肖古王は三四六〜三七五年に在位した人物である。

中国吉林省《きつりん》集安に現存する、古代の朝鮮半島北部を支配した高句麗《こうくり》の広開土王《こうかいどおう》（好太王《こうたいおう》／在位三九一〜四一二年）の功績を記した有名な墓碑「広開土王碑」は、欠字も多いことなどから碑文の解釈には議論がある。しかしそこには、四世紀末に倭国（ヤマト王権）が朝鮮半島に対して軍事行動を起こしたことが記録されている可能性がきわめて高い。

このようなことからすれば、『古事記』の神功皇后新羅親征を、完全なフィクションとして片づけることは難しくなってくるのではないだろうか。

そうなると神功皇后を全くの架空の人物とすることも難しくなってこよう。その人物像には、ヤマトタケルの場合と同じように、日本各地の実在した伝説的女王や巫女の姿が複合・投影されているのではないだろうか。

筑紫に息づく神功皇后出産伝説

再び『古事記』に話を戻すと、神功皇后は身重の身で新羅親征に臨んだが、親征のさなかに産気づいてしまった。しかし、御裳《みも》(腰から下にはく衣服)の腰に石を巻くことで出産を抑え、新羅から筑紫国へ戻ってから無事に皇子ホムダワケ(品陀和気《ほむだわけの》命《みこと》/のちの応神《おうじん》天皇)を産んだ。そのため、その皇子が生まれたところは宇美(ウミ=産み)と名づけられたという。

さらに『古事記』は、「腰に巻かれた石は、筑紫国の伊斗《いと》村に残されている」と付記している。

そして皇位は、神功皇后が受けた墨江大神の神託の通りに、このホムダワケが継いで応神天皇となり、さらに皇統が続いてゆくのだ。

臨月を無理矢理のばして親征から帰還して皇后が皇子を産んだ場所だという宇美は、

福岡県糟屋《かすや》郡宇美町宇美に鎮座する**宇美八幡宮**が伝承地になっている。創建は社伝によれば敏達《びだつ》天皇三年（五七四）で、祭神は応神天皇、神功皇后、玉依《たまより》姫命《ひめのみこと》、住吉大神、伊弉諾尊《いざなきのみこと》の五柱である。創建の由来を語る確かな史料はないが、境内には皇后が産衣を掛けたと伝わる「湯蓋《ゆぶた》の森」「衣《きぬ》掛《かけ》の森」があり、さらに産湯に使ったという清水「産湯の水」、皇后がその枝を握って皇子を産んだという槐《えんじゅ》「子安の木」など、神功皇后出産伝説にちなむものが点在している。

本殿裏には、皇后が石を腰に巻いて産気を鎮めたことにちなんだ、安産にご利益《りやく》があるという「子安の石」が数多く奉納されている。そして何よりも、安産や育児祈願の神社として今も多くの参詣者を集めていることが、『古事記』の伝説が今に息づいていることを実感させてく

宇美八幡宮　境内には「応神天皇御降誕地」の碑が立つ

れる。

『万葉集』にも詠まれた神功皇后の鎮懐石

皇后が腰に巻いた石について、『古事記』は筑紫国の伊斗村（福岡県糸島市）にあると記している。「鎮懐石《ちんかいせき／しずめいし》」とも呼ばれるこの霊石のことは、『筑前国風土記《ちくぜんのくにふどき》』逸文《いつぶん》や『万葉集』の山上憶良《やまのうえのおくら》の歌（巻五「山上臣憶良《やまのうえのおみおくら》の、鎮懐石を詠ひし歌一首」）にも言及されていて、古代にはよく知られていたらしい。

その石は二つあったらしく、憶良の歌の前に置かれた長い序には、次のようにつぶさに説明されている。

「筑前国怡土《いと》郡深江《ふかえ》村（福岡県糸島市二丈《にじょう》深江）の子負原《こぶがはら》の、海に臨む丘の上に二つの石がある。大きいほうは長さ一尺二寸六分…（中略）…小さいほうの長さは一尺一寸…（中略）…みな楕円形をしていて、卵のようだ。その美しさはたとえようがない」

「古老の伝えるところでは、その昔、神功皇后が新羅国を征討しようとしたとき、二つの石を袖の中に挟み、鎮懐とされた。このために、道行く人はこれを拝礼するのだという」

鎮懐石八幡宮　境内には鎮懐石碑や九州最古の万葉歌碑が立つ

貝原益軒《かいばらえきけん》『筑前国続風土記』（一七〇三年）によると、この鎮懐石は寛永《かんえい》年間（一六二四〜一六四四年）の末頃までは確かに存在していたが、その後、盗難にあって失われてしまったのだという。

そこで、その故地に創建されたのが、**鎮《ちん》懐石八幡宮《かいせきはちまんぐう》**（糸島市二大深江）だという。安産・子授けのご神徳で信仰されてきたこの神社は見晴らしのよい丘の上に鎮座しているが、そこからは玄界灘《げんかいなだ》を一望できる。

朝鮮半島は、その海の向こうである。

一言主神の残映

雄略天皇と長谷・葛城

——ヤマト王権確立を証言する古社・遺跡

惨殺を重ねて即位した雄略天皇

神功《じんぐう》皇后が生んだ応神《おうじん》天皇の後は、その皇子である仁徳《にんとく》天皇が皇位を継ぎ、その次は仁徳の皇子である三兄弟、履中《りちゅう》、反正《はんぜい》、允恭《いんぎょう》の各天皇が順次即位する。そして允恭の後をその皇子である安康《あんこう》天皇が継ぐも、この天皇は叔父のオオクサカ（大日下王《おおくさかのおおきみ》）を殺してその妻を奪って后としたため、このことを深く怨んだオオクサカの息子マヨワ（目弱王《まよわのおおきみ》）によって暗殺されてしまう。史上初の天皇暗殺事件である。

この未曾有の混乱を収拾して次の皇位に就いたのが、雄略《ゆうりゃく》天皇だ。彼は諱《いみな》をオオハツセワカタケル（大長谷若建命《おおはつせわかたけるのみこと》）と言う。允恭天皇の皇子であり、先帝安康の弟であった。

もっとも、その「収拾」の仕方は、きわめて血腥いものであった。

雄略天皇　安達吟光画「雄略天皇葛城山に野猪を斃し給う」（国立国会図書館）

『古事記』によると、天皇暗殺の報を受けて激しく忿怒したオオハツセは、刺客のマヨワを殺す前に、実兄のクロヒコ（黒日子王《くろひこのおおきみ》）とシロヒコ（白日子王《しろひこのおおきみ》）をまず惨殺する。この二人の兄が、自分たちの兄でもある天皇が暗殺されたことへの復讐に及び腰であったからだ。

そうしてから、マヨワをかくまっている豪族ツブラオオミ（都夫良意富美《つぶらおおみ》）の屋敷を襲う。追いつめられたマヨワはツブラオオミに自分を殺すようせがみ、ツブラオオミはマヨワを刺し殺すと、返す刀で自分の首を斬った。ツブラオオミは『日本書紀』では「葛《かずら》城円大臣《きのつぶらのおおおみ》」と書かれている人物で、葛城《かつらぎ》地方（奈良盆地南西部）を本拠とする有力豪族葛城《かずらき》氏の首長であった。

さらにオオハツセは、履中天皇の皇子であったイチノヘノオシハ（市辺忍歯王《いちのへのおしはのおおきみ》）をも謀殺する。オオハツセにとっては従兄弟にあたるイチノヘノオシハが、皇位継承の有力候補であったからだ。

こうした惨劇をへてオオハツセは長谷《はつせ》の朝倉宮《あさくらのみや》で即位し、雄略天皇となったのである。「長谷」は初瀬、泊瀬とも書かれ（読みは古くはハツセ、のちにハセ）、桜井市東部を流れる初瀬《はせ》川（大和川上流）沿いの渓谷部の総称である。

『日本書紀』によれば、雄略天皇があまりにも安易に人を殺めるので、天下の人びとは彼のことを「大悪の天皇」と呼んでそしったという。

五世紀後半に実在した歴史的人物

『古事記』のこれらの記述がはたしてどれだけの史実を伝えているのかは、不明である。

ただし、前節までに紹介してきた天皇たちとは違って、雄略天皇はほぼ間違いなく歴史的に実在した人物とみられていて、しかもその活躍年代は五世紀後半だろうという。その理由としては、おもに次の二つを挙げることができる。

○海外の史書に名前が言及されている

中国南朝宋《そう》の史書『宋書《そうじょ》』（四八八年完成）の「倭国伝《わこくでん》」には五世紀に五人の倭の国王が宋に使者を派遣したことが記されている。そのうち、四七八年に遣使した倭王「武《ぶ》」は、『日本書紀』が記す雄略天皇の実名「幼武《わかたける》」に通じているので、雄略である可能性がきわめて高い。また、『日本書紀』には雄略が「呉国《くれのくに》」（宋のこと）に使者を派遣したことが記録されている。

○古墳から出土した鉄剣に名前が記録されている

埼玉県行田《ぎょうだ》市の稲荷山《いなりやま》古墳から出土した鉄剣の銘文には、「辛亥年《しんがいのとし》」に「獲加多支《わかたけ》鹵大王《るのおおきみ》」に仕えた「乎獲居臣《おわけのおみ》」という人物がこの刀を作らせた、といったことが記されているが、「辛亥年」は西暦四七一年、「獲加多支鹵」は雄略の諱《いみな》ワカタケルを指すとする説が有力視されている。また、熊本県の江田船山《えたふなやま》古墳出土鉄刀の銘文にみられる「獲□□□鹵大王」もワカタケル大王、すなわち雄略のことを指しているとみるのが通説となっている。

つまり、五世紀後半、雄略天皇の名は遠く中国にも知られ、また日本列島においては、刀銘に刻まれて東は関東、西は九州にまで知れわたっていた。ワカタケルという名には「若々しくて強い男」の意がある。彼の盛名を支えていたのは、そんな名前にふさわしい、凶暴性とは紙一重の、類いまれな勇猛さであったのかもしれない。それはヤマトタケルにも通じる性格である。

発掘された雄略天皇の皇居

雄略天皇が皇居とした長谷の朝倉宮の伝承地としては、従来、初瀬川沿岸地域の奈良県桜井市岩坂《いわさか》（十二柱神社）や同市黒崎《くろざき》（天の森）が知られていた。しかし、現在では、近鉄大和朝倉駅の東北八〇〇メートルほどのところにある**春日《かすが》神社**（桜井市脇本《わきもと》）付近で見つかった、**脇本遺跡**を宮跡とする説が有力となっている。脇本遺跡は昭和五十五年（一九八〇）に朝倉小学校の改築調査を機に見つかったもので、過去十八次にわたる調査の結果、五世紀後半、六世紀後半、七世紀後半の大型建物跡などが確認された。そしてこのうちの五世紀後半の遺構が、雄略の朝倉宮跡と推定されたのである。発見された掘立柱建物二棟は脇殿で、正殿は春日神社西側の集落内にあったのではないか、と考えられている。

考古学的に発掘された古代天皇の宮跡は、現在のところこれが最古になるようだが、その点でも雄略の実在性はかたいということになろう。

初瀬川沿いにあるその宮跡の場所は奈良盆地の東端付近で、大和と伊勢・東国方面を結ぶルートの要衝であり、またヤマト王権が神聖視した、オオモノヌシ（大物主神《おおものぬしのかみ》）が住まう三輪山《みわやま》の南麓にあたる。

雄略天皇と三輪山については、こんなエピソードが知られている。

『日本書紀』によると、あるとき、雄略天皇が侍者のスガル（蜾蠃《すがる》）に、「三諸岳《みもろのおか》（三輪山）の神の姿を見たいので、捕らえてこい」と命じた。そこでスガルは山に登り、大蛇を捕らえて天皇に見せた。だが天皇は斎戒をしていなかったので、大蛇は雷音を轟かせ、目を輝かせた。天皇はこれを恐れて殿中に隠れ、大蛇を山に放った。そこで、スガルは雷《いかずち》という名を賜わったという（雄略天皇七年七月三日条）。

いささか怪奇小説めいたこの説話には、三輪山の大蛇がオオモノヌシの化身であることが含意されている。

大和の地主神《じぬしがみ》であるオオモノヌシを力づくで従えようとしたが、逆にその霊威に圧せられてしまった。そんなエピソードは、雄略天皇の粗野で不遜な性格を伝えると同時に、崇神天皇と三輪山の伝説（175ページ）と同じように、天皇を畏怖させる三輪山の神の聖性、三輪山祭祀の重要性を改めて物語っているような気がしてならない。

ただし『古事記』には、この説話に類するものはまったくみられない。

『古事記』に記された雄略天皇と葛城のヒトコトヌシの交流

雄略天皇といえば、葛城《かずらき》のヒトコトヌシ（一言主神《ひとことぬしのかみ》）とのエピソードも有名で、この話は、『日本書紀』だけでなく『古事記』にも詳しく書かれている。

葛城は、先にも少し触れたが、葛城《かつらぎ》連山を西限、曽我川《そががわ》（大和川の支流）を東限とする奈良盆地南西部に対する地域名で、豪族の葛城《かずらき》氏が本拠とした土地である（地名としての「葛城」の読みは、現在はカツラギだが、古代はカズラキが正しい）。雄略が宮居した長谷の朝倉宮から見ると、西方にそびえ立つ葛城連山の麓（手前）付近ということになる。

なお、南北に走る葛城連山は現在は北の葛城山と南の金剛山からなるが、古代にはこの両山をあわせて「葛城山《かずらきやま》」と呼んでいたので、少々注意が必要である。

以下は『古事記』のヒトコトヌシ説話の要約である。

〈あるとき、天皇が葛城山に登ったとき、何者かが向こうの山から尾根伝いに登って来る。奇妙なことに、その者の装束や行列の様子は、天皇のそれとそっくりであった。「このヤマトの国には、私以外に大王はいないはずだが、いったい何者だ」と天皇が尋ねると、向こうの山の者も同じことをしゃべる。怒った天皇が矢をつがえると、相手も同じ動作をする。そこで天皇が「互いに名を名乗ろう」と言うと、向こうの者はこう答えた。

「私は悪いことも一言、善いことも一言で言い放つ、葛城の一言主大神であるぞ」

天皇はこれを聞くと恐れ畏み、刀・弓矢・百官の衣服などをヒトコトヌシに献上した。ヒトコトヌシは喜んで受け取り、天皇が還ろうとすると、山の尾根を行列でいっぱいにして、雄略の住む長谷の山の入口までお見送りをした。

このようにして、ヒトコトヌシははじめて出現したのである〉

ヒトコトヌシは雄略天皇に滅ぼされた葛城氏の寓意か

このヒトコトヌシ説話は幾通りかの解釈が可能だが、「葛城の託宣神であるヒトコトヌシと雄略天皇が和合し、最終的には天皇が神の見送りを受けるという展開は、ヒトコトヌシを奉斎してきた葛城氏の祭祀権を天皇が奪取したことを表現している」とみるのが通説となっている。

葛城氏は、記紀にもとづけば、仁徳天皇の時代から天皇家の姻戚として権勢を振るったが、これも先に記したように、安康天皇が殺害されたマヨワの変のあおりでツブラオオミ（葛城円大臣）が雄略に滅ぼされて以後は、没落していった。

したがって、かつては有力豪族であった葛城氏が雄略に討たれて没落したことが、葛城のヒトコトヌシが雄略にへりくだったことには寓意されている、というわけである。これは、本来ヒトコトヌシは葛城氏の氏神《うじがみ》であった、という見方でもある。

狭義の葛城山（現在の葛城連山の北峰）の東麓には、このヒトコトヌシを祀る**葛城《かつらぎ》一言主神社《ひとことぬし》**（奈良県御所《ごせ》市森脇）が鎮座している。一見、葛城《かずらき》氏全盛期から存した、大和屈指の古社のようにも思えるが、しかし創祀の年代は不明で、祭神についても高《たか》鴨神《がものかみ》（高鴨阿治須岐託彦根命《あじすきたかひこねのみこと》）ではないかとする異説がある。『続日本紀《しょくにほんぎ》』天平宝《てんぴょうほう》字《じ》八年（七六四）十一月五日条に、「雄略天皇によって土佐に放逐されていた高鴨神がふたたび葛城に祀られた」という記事があるからである。

この記述は、葛城氏のヒトコトヌシと、葛城のもう一つの有力氏族鴨《かも》氏が奉斎した高鴨神を混同したものだとも言われる。しかし、高鴨神の分霊がヒトコトヌシで、それが雄略天皇の時代にはじめて出現したのだと解釈する立場もある（『大和志料』）。ちなみに、葛城一言主神社の鎮座地は葛城地方の北部だが、南部には高鴨神（アジスキタカヒコネ）を祀る古社、**高鴨《たかがも》神社**（御所市鴨神《かもがみ》）がある。

葛城一言主神社　金剛山と葛城山の麓を南北に走る葛城古道沿いに鎮座する

葛城一言主神社から南へ二キロほどの金剛山（葛城連山の南峰）東麓の扇状地には、巨大集落遺跡である**南郷《なんごう》遺跡群**が見つかっている。古墳時代中頃（五世紀頃）を中心とする遺跡で、大型掘立柱建物や楼閣状の高層高床建物、大型の導水施設などの遺構が出土したことで注目され、それらは葛城氏が営んだものと推測されている。雄略天皇が登場するまでは、この辺りには葛城氏の居館が建ち並び、王都のような景観が広がっていたのだろう。

そしてヤマト王権がこの地域を完全に掌中に収めたのが、雄略天皇の時代だったわけである。このとき、もし歴史の歯車が狂っていれば、大和の覇権は葛城氏が握り、葛城王朝が勃興していたことだろう。

古代王朝の聖都、飛鳥へ

雄略天皇の後は清寧《せいねい》天皇（雄略天皇の皇子）が即位する。しかし、この天皇は皇子をもうけずに亡くなってしまった。そこで、雄略が殺害したイチノヘノオシハ（履中天皇の皇子）の子で、幼時に播磨国に落ち延びていたオケ（意祁命《おけのみこと》）・ヲケ（遠祁命《をけのみこと》）の兄弟が見つけ出されて招かれ、最初に弟のヲケが即位して顕宗《けんぞう》天皇に、次いで兄のオケが即位して仁賢《にんけん》天皇となった。

『古事記』は顕宗・仁賢の物語を終えると、これ以後の歴代天皇については、皇居名、后妃と皇子女の名、御陵の場所などをただ羅列してゆくばかりのスタイルとなり、物語的な叙述はなくなってしまう。

そして、大和の飛鳥《あすか》に宮居《みやい》した女帝、推古《すいこ》天皇（在位五九二～六二八年）の紹介でその記述を終えている。奈良盆地の南東部付近になる飛鳥は、周囲を山や丘陵に囲まれた、飛鳥川の流域に広がる小盆地である。

推古天皇が営んだ小治田宮《おはりだのみや》（小墾田宮）の比定地については複数の説があるが、近年では飛鳥川右岸の**雷丘東方遺跡**《いかづちのおか》（明日香村《あすか》雷《いかづち》）の周辺が有力視されている。現在では田畑が広がっている一帯である。

ここから南側が飛鳥の中心地で、小治田宮推定地から南に一キロちょっとの地（明日香村岡）に、**飛鳥浄御原宮**《あすかのきよみはらのみや》の推定地がある。飛鳥浄御原宮は、『古事記』の編纂を命じたと伝えられる、天武《てんむ》天皇（在位六七三～六八六年）が営んだ宮である。

雷丘　標高約110メートルの丘であり、付近は小治田宮推定地とされる

深掘り『古事記』④

「天香山」はなぜ低山なのか

『古事記』の神話によれば、天《あま》つ神《かみ》が住まう高天原《たかまのはら》には天安《あめのやす》の河《かわ》が流れ、アマテラス（天照大御神《あまてらすおおみかみ》）がこもった天石屋《あめのいわや》があり、天香山《あめのかぐやま》がそびえているという。そして神々は、石屋からアマテラスを招き迎えるため、天香山に住む鹿の骨で占いをし、天香山から掘り取った榊《さかき》に鏡や玉を掛け、祭儀を執り行ったという。天香山は高天原の中心であり、きっと天界の天をも突くような高峰なのだろう。

奈良盆地の東南部にその名も天香山（天《あめの》香久山《かぐやま》、天香具山）という山がある。畝傍山《うねびやま》、耳成山《みみなしやま》とともに大和三山（持統《じとう》天皇が七世紀末に築いた藤原京を取り囲むようにしてそびえている）の一つに数えられるが、この山は古来、高天原の天香山に擬せられており、南麓にはアマテラスを祀る天岩戸《あめのいわと》神社が鎮座している。

ところが大和の天香久山は、標高はわずか一五二メートルしかなく、山容も決して美麗なものではない。そこから北東に五キロほどの地にそびえる大和のもう一つの聖山、三輪《みわ》山《やま》が五〇〇メートル近くの標高と円錐形の秀麗な山容を有しているのとは対照的だ。なぜこんな丘程度の低山が、天界の聖山にたとえられたのだろうか。

じつは大和の天香山は、「天から降ってきた山」、つまり高天原の天香山の一部が落ちて生じた山だと信じられてきたらしい。『伊《い》予《よ》国風土記《ふどき》』逸文《いつぶん》に「天上の山が分かれて地上に落ち、その片一方が伊予国の天山《あめやま》となり、もう片一方が大和の天香山となった」とあるのはその傍証である。これは伊予国伊予郡の天山のいわれを説いたものなのだが、ここに大和の天香山は天界の山の片割れであるとする伝承を垣間見ることができる。また、大和の天香山を詠んだ万葉歌の一首に「天降《あも》りつく　天の香具山……」というものがあるが（巻三・二五七）、この表現も大和の天香山が「天から降ってきた山」と信じられていた証左と言えよう。

そして『日本書紀』によると、初代神武《じんむ》天皇は大和に入る際、天つ神の夢告に従って大和の天香山の土を採取して土器を造り、神を

天香久山　古代より「天」という尊称が付くほど、大和三山のうちで最も神聖視された

祀った。これによって神武は無事に大和平定を果たすことができたという。また第十代崇《す》神《じん》天皇の時代、反乱を企んだタケハニヤスビコ（武埴安彦《たけはにやすびこ》）の妻アタヒメ（吾田媛《あたひめ》）は、決起を前にして大和の天香山の土を採取し、戦勝の呪術を執り行ったという。

天岩戸神社　本殿はないが、天岩窟（あまのいわや）または天岩戸と言われる巨石がご神体である（奈良県橿原市）

これらの伝承からすれば、大和の天香山の土は、国の支配を左右する強い呪力があると信じられていたらしい。伝承の背景には、この山が天界の聖山とつながる霊山と伝えられ、そう信じられていたことがあるのではないだろうか。

「春過ぎて夏来たるらし白《しろ》たへの　衣《ころも》干《ほ》したり天の香具山」は『万葉集』に収められた持統女帝の有名な御製《ぎょせい》だが（巻一・二八）、彼女が聖なる山に見た真っ白な「衣」とは、人間の衣ではなく神々の衣、「神御衣《かむみそ》」だったのだろう。

主要参考文献

小島憲之ほか校注『新編日本古典文学全集　日本書紀』（全三巻）小学館、一九九四〜一九九八年
坂本太郎ほか校注『日本書紀』（全五巻）岩波文庫、一九九四〜一九九五年
西宮一民校注『新潮日本古典集成　古事記』新潮社、一九七九年
中村啓信監修・訳注『風土記』（全二巻）角川文庫、二〇一五年
今泉忠義訳『訓読　続日本紀』臨川書店、一九八六年
本居宣長撰『古事記伝』（全四冊）岩波文庫、一九四〇〜一九四四年
國學院大學日本文化研究所編『縮刷版　神道事典』弘文堂、一九九九年

上田正昭『私の日本古代史』（全二巻）新潮社、二〇一二年
梅原猛『天皇家の〝ふるさと〟日向をゆく』新潮文庫、二〇〇五年
岡田精司『古代王権の祭祀と神話』塙書房、一九七〇年
岡本雅享『出雲を原郷とする人たち』藤原書店、二〇一六年
甲斐亮典『宮崎の神話伝承　その舞台55ガイド』鉱脈社、二〇〇七年

北沢房子『諏訪の神さまが気になるの』信濃毎日新聞社、二〇二〇年
西郷信綱『古事記注釈』(全八巻) ちくま学芸文庫、二〇〇五年～二〇〇六年
庄原市比婆山熊野神社解説本編集委員会編『日本誕生の女神　伊邪那美が眠る比婆の山』庄原市、二〇一六年
関根淳『六国史以前』吉川弘文館、二〇二〇年
谷川健一編『日本の神々』(全十三巻) 白水社、一九八四～八七年
中村明蔵『神になった隼人』南日本新聞社、二〇〇〇年
西田長男・三橋健『神々の原影』平河出版社、一九八三年
福永光司『道教と日本文化』人文書院、一九八二年
古川順弘『地図とあらすじで歩く『古事記』』新人物文庫、二〇一二年
古川順弘『古代神宝の謎』二見書房、二〇一八年
古川順弘『古代豪族の興亡に秘められたヤマト王権の謎』宝島社新書、二〇二一年
北郷泰道『古代日向・神話と歴史の間』鉱脈社、二〇〇七年
松前健『日本神話の形成』塙書房、一九七〇年
松前健『日本神話の謎』大和書房、一九八五年
『松前健著作集第九巻　日本神話論I』おうふう、一九九八年

三浦佑之『古事記神話入門』文春文庫、二〇一九年
三橋健『知れば知るほど面白い　古事記』じっぴコンパクト新書、二〇一二年
村井康彦『出雲と大和』岩波新書、二〇一三年
森浩一『日本神話の考古学』朝日文庫、一九九五年
森田清美『神々のやどる霧島山』鉱脈社、二〇一七年
山口保明『宮崎の神楽』鉱脈社、二〇〇〇年
若井敏明『「神話」から読み直す古代天皇史』洋泉社歴史新書、二〇一七年
『高千穂町史』一九七三年

編者略歴

三橋 健（みつはし・たけし）

1939年、石川県生まれ。神道学者。神道学博士。國學院大學文学部日本文学科を卒業。同大学院文学研究科神道学専攻博士課程を修了。1971年から74年までポルトガル共和国のコインブラ大学へ留学。帰国後、國學院大學講師、助教授を経て教授となる。1992年、「国内神名帳の研究」により國學院大學から神道学博士の称号を授与。定年退職後は「日本の神道文化研究会」を主宰。『神社の由来がわかる小事典』（PHP新書）、『図説 神道』（河出書房新社）ほか著書多数

＜本文執筆＞

古川順弘（ふるかわ・のぶひろ）

1970年、神奈川県生まれ。早稲田大学第一文学部卒業。宗教・歴史分野を扱う文筆家・編集者。『人物でわかる日本書紀』（山川出版社）、『古代神宝の謎』（二見書房）、『仏像破壊の日本史』『古代豪族の興亡に秘められたヤマト王権の謎』（以上、宝島社）ほか著書多数。

【写真提供】

環境省ホームページ、国立国会図書館、写真AC、古川順弘、三橋健、Adobe Stock

古事記に秘められた聖地・神社の謎

八百万の神々と日本誕生の舞台裏

2023年7月20日　初版第1刷発行

編　　者　三橋 健
発 行 者　江尻 良
発 行 所　株式会社ウェッジ
〒101-0052 東京都千代田区神田小川町1丁目3番地1
NBF小川町ビルディング3階
電話 03-5280-0528　FAX 03-5217-2661
https://www.wedge.co.jp/　振替00160-2-410636
装　　幀　佐々木博則
組版・地図　辻 聡
印刷・製本　株式会社シナノ

＊定価はカバーに表示してあります。
＊乱丁本・落丁本は小社にてお取り替えいたします。

ISBN978-4-86310-266-8　C0026